読むだけで髪の悩みが消える本

1分ヘア

1 minute
hair
revolution

A book that eliminates
hair problems just by reading

表参道美容師
AYAMAR
（柴田紋奈）

革命

KADOKAWA

はじめに

"1分"であなたの髪は変わる

ほとんどの人は、髪を正しく洗えていません。

こういわれると、「髪の洗い方に正しいも間違いもないのでは？」と思う人が多いのではないでしょうか？

たしかに、正しいシャンプーのしかたなんて、だれも教えてくれませんし、普段から髪の洗い方について意識している人は少ないかもしれません。でも、

❶ 髪をきちんと洗っているのに、
**　頭皮がにおう気がする**
❷ シャンプーをしても、
**　なかなかスタイリング剤が落とせない**

といった、髪のトラブルに心当たりのある人は、いるのではないでしょうか？

これらは、髪が正しく洗えていないことで起こるトラブルの一部。解決するためには、

「予洗い」で髪の汚れをしっかり落とす

ことが必要です。

　あまり聞きなれない言葉かもしれませんが、「予洗い」はシャンプー前にお湯だけで髪と頭皮を洗うことです。

　シャンプーをする前、何となく髪だけを濡らしていませんか？それだと、髪はきちんと洗えていないのです。

予洗いは髪の汚れの8割を落とします。

　髪についたほこりやスタイリング剤などの汚れを、予洗いできちんと落とせていないと、シャンプーの泡立ちが悪くなります。そうすると、**きちんと髪や頭皮を洗うことができません。**
　頭皮のにおいやスタイリング剤が落ちないといったトラブルの原因は、これだったのです。

　でも、予洗いがきちんとできていれば、それだけで頭皮が今よりも健康になり、それが髪の美しさにもつながります。

　予洗いの方法や気をつけないといけないポイントは、64ページでくわしく説明していますが、方法自体はシャワーヘッドを頭に当てて汚れを流すという、とてもかんたんなものです。

しかも、**たった1分するだけ**で効果があります。

　美容院で髪を洗うときも、ポンポンとシャワーヘッドを頭に当てられたことはないでしょうか？　美容師さんがそうするのには、理由があるからです。

　私は、表参道にある「aole」という美容院で代表を務めておりますAYAMARと申します。月に300人ものお客さまに施術をし、モデルやインフルエンサーの方からも指名をいただいています。

　施術の際には、「どんなヘアスタイルにしたいか」ということはもちろん、普段どんなケアをしているのかを聞き、髪の質や状態を見てどう施術するかを考えます。

　そして、たくさんのお客さまと話したり髪の状態を見たりしていると、**「間違ったケアをしているな」と感じることが多くあります。**

- シャンプーを直接頭皮につけている
- 頭皮を爪でこすって洗っている
- トリートメントを頭皮にもべったりつけている
- ドライヤーで髪を乾かす前に
  ゴシゴシとタオルでこすって拭いている
- 髪を乾かすときにただ正面から風を当てている

　これらのことを、当たり前にしてしまっているという人は、けっこう多いのではないでしょうか？

　私も、美容師になるための知識をつける前にやってしまっていたものもあります。

これらはすべて、髪を傷める原因です。

　まず、シャンプーは毛先で細かくふんわりとした泡をつくる必要があります。**頭皮でシャンプーを無理やり泡立てようとすると、ムダな摩擦で髪が傷ついてしまう**原因になるだけでなく、きれいな泡をつくることもできません。

　きれいな泡がつくれないと、頭皮をきちんと洗えないので、いろいろなトラブルのもとにもなります。

　たとえ高価でいいシャンプーを使っていたとしても、正しい使い方をしないと効果は得られません。

　頭皮にかゆみがあって、しっかりと洗いたいからといって、爪を立てて頭皮をゴシゴシと洗ってしまう人もいるかもしれません。たしかに、シャンプーで頭皮をしっかりと洗うことは重要です。

　でも、それによって頭皮は傷つきます。結果として、**頭皮が乾燥**

してフケの原因になることもあります。

　トリートメントを頭皮につけてしまうと、**毛穴に詰まって薄毛な**
どのトラブルを招きます。
　それに、きちんと流さず頭皮にトリートメントが残っていると、
頭皮のベタつきやにおいを引き起こすことにもなります。

　ドライヤーで髪を乾かす前に、しっかりとタオルドライするの
は、髪にとって大切なこと。
　でも、タオルで強くこすってしまうと、**摩擦で髪が傷ついてしま**
い逆効果です。

　ドライヤーも、ただ正面から当てたのでは、**髪に変なくせがつい**
てしまって、セットのときにうまくいきません。

　私は、実際にお客さまに髪の悩みを相談されて、それに合った正
しいケアの方法を提案することもよくあります。

この本を手に取ったあなたも、

- **まとまらないボサボサな髪**
- **乾燥したパサパサな髪**
- **薄毛**
- **白髪**
- **枝毛**
- **パラパラと落ちるフケ**
- **頭皮のベタつき**
- **カラーやパーマによるダメージ**
- **もともとの髪のくせやうねり**
- **あほ毛**

など、何かしら髪の悩みを持っているのではないでしょうか？

今挙げた悩みの中には、先ほど紹介した間違ったケアを見直すことで解決できるものもあります。

最初に紹介した予洗いと同様に、**ポイントをきちんとおさえてケアするだけで、髪の悩みの多くは改善されるんです。**

間違ったケアをしている人が多いと実感した私は、「AYAMAR美ヘアチャンネル」というYouTubeチャンネルを開設して、正しいケアで、髪のトラブルを解決する方法を紹介し始めました。

　ただ方法を紹介するのではなく、そもそも何が原因でトラブルが起こり、それを改善するためにどうするのが有効なのかを、しっかりとわかりやすく伝えるように心がけています。

　うれしいことに、今では60万人を超える人がチャンネル登録してくださっています（2021年9月時点）。
　動画を見て、その方法を実践した方からは、

「頭皮ケアで髪にツヤが出た！」
「洗い方を変えたら、髪がまとまりやすくなった！」
「動画の方法を試したら、抜け毛が減った！」
「髪が立ち上がりやすくなった！」
「頭皮のマッサージで頭がすっきりした！」

といった声をいただきました。

　お金や時間をかけて美容院やヘッドスパに行かなくても、高価なケアアイテムを使わなくても、**おうちでかんたんにできるケアで、これだけ髪が変わるのです。**

　実際の効果のほかに、「すぐに試してみます」「これなら続けられそうです」といったコメントもいただきます。

　それくらい、だれでも気軽にチャレンジできる方法ばかりです。

　私は、みなさん一人ひとりの髪を見て、アドバイスできるわけではありません。

　でも、美容師である私が持っている知識を知ってもらうことで、たくさんの人の悩みが解決されると思うと、とてもうれしいです。

　美容師としてやりがいを感じますし、「もっと私に何かできないか」とモチベーションアップにつながります。

　今回は、「髪のケアに時間をかけるのが難しい」という人にも実践してもらえるように、**自宅でたった1分でできるケアを本にまとめてみました。**

　もちろん、先ほど例として取り上げた、シャンプーやトリートメント、ドライヤーの方法などについてもくわしく解説しています。

　この本では、みなさんの髪の悩みを解決する方法などを4つの章に分けて説明しています。

まず、PART1では美しい髪を手に入れるために毎日してほしいルーティーンを取り上げています。

　髪をツヤツヤにする方法をはじめ、薄毛や白髪、フケなどを改善する方法を紹介しています。

　PART2では、正しいシャンプーのしかたや、その前後に行うケアについて解説。冒頭で紹介した予洗いや、正しいトリートメントやドライヤーの方法などについて説明しています。

　PART3は、寝ぐせや毛先の跳ねといった、お出かけ前の「困った！」を解決する方法をお伝えします。時間をかけずにささっと直せるテクニックが盛りだくさんです。

　PART4では、苦手な人でも短い時間でかんたんにできるヘアアレンジや前髪のセットのやり方を紹介しています。寝ぐせがついたままでもできるアレンジもありますよ。

　この本にあるケアを実践すれば、お金も時間もかけずに、今ある髪の悩みを解決し、髪をさらに健康で美しくできます。

　髪が美しくなれば、その分ヘアスタイルもおしゃれに決まるようになります。

　ほとんどの方法が、おうちにあるものでできるので、今日からすぐに試してみてほしいです。

　毎日たった1分の積み重ねで、髪がおどろくほど変わると思います。そうなったら、とてもうれしいですよね。

　私は日々、スタイリングを終えて、いきいきとした笑顔でお店を後にするお客さまを見送っています。

　たとえ服装やメイクがいつもと同じでも、**ヘアスタイルひとつで見た目の印象は大きく変わります。**

　髪が変わることで、たくさんの人が笑顔になるようにと願って、この本を書きました。

　タイトルの『1分ヘア革命』には、"革命"といえるほど髪が美しくなるという意味と、髪だけでその人自身が変わるという意味も込めました。

　ツヤツヤで若々しい髪は、自信を与えてくれるものです。

今日から"1分"。

　ぜひ始めて、美しい髪を手に入れてくださいね。

AYAMAR

CONTENTS

PART 1 美髪を手に入れる 1分ルーティーン

PART 2 髪が生まれ変わる シャンプー時の1分ケア

PART 3 お出かけ前の1分で あらゆるトラブルを解決

PART **4** 忙しい朝でもかんたん
1分ヘアアレンジ

CONTENTS

※本書は、「AYAMARヘアチャンネル」で紹介されている方法と一部内容が異なります。

基本の ヘアアイテム

① ブラシ

- 左 – クッションブラシ
- 右 – パドルブラシ

　髪の絡まりをほどいたり、気づきにくい汚れやほこりを髪から取り除いたりするのに使います。ブラシの先端を頭皮に当てながらブラッシングをすると、血流がよくなりマッサージ効果があります。

　おすすめは、ブラシの根元がクッションになったクッションブラシと、クッションの面積が大きくカヌーで使うパドルのような形のパドルブラシ。どちらもクッションによって、頭皮への刺激がおさえられます。

　楕円形をしたクッションブラシは、頭の丸みにフィットしやすいので、とくにブローやヘアアレンジの際に便利です。パドルブラシは摩擦が起きにくいので、頭皮をマッサージするときや、濡れた髪をとかすときに便利。

② コーム

- 左 – 目の粗いコーム
- 右 – 目の細かいコーム

　毛流れを整えたり、分け目を変えたりするのに使います。トリートメントを髪につけたあとにコームでとかせば、髪1本1本になじませられます。プラスチック製であれば安価で水に強く、こまめに洗浄することで、清潔に保つことができます。

　コームには、目の粗いタイプと、目が細かく詰まったタイプがあります。

　目の粗いコームは、髪をとかしても摩擦が起きにくいので、ダメージを受けやすい濡れた髪にも使えます。目の細かいコームは、おもにヘアセットで毛流れを整えるために使います。テール（コームの持ち手のとがっている部分）の先端を使うことで、かんたんに分け目を変えられます。

髪をきれいにしたり、セットの際に
よく使ったりするアイテムを紹介します。
本書で多く登場するので、チェックしてみましょう。

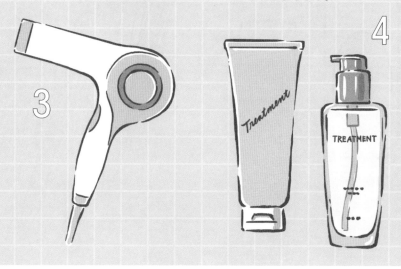

③ ドライヤー

- - - -

濡れた髪を乾かすのはもちろんのこと、根元を立ち上げてボリュームを出したり、くせを取ってまとまりをよくしたりする役割もあります。

ドライヤーは、弱・中・強と風量が調節できて、冷風に切り替えられるものを選ぶといいでしょう。髪を乾かすときは強、ヘアセットでくせをつけるときは中や弱と、使い分けができます。髪を乾かしたあとに冷風を当てれば、キューティクルが引き締まりツヤツヤになります。

私が愛用しているのは、ReFaの「リファ ビューテック ドライヤー」です。必要な水分は残し、熱のダメージを最小限におさえる機能が搭載されています。

④ トリートメント

左 – 洗い流すトリートメント
右 – 洗い流さないトリートメント

傷んだ髪に栄養を与え、髪の内側まで浸透してダメージを補修します。トリートメントで髪がサラサラになると、髪同士の摩擦が減り、パサつきや切れ毛も防げます。

トリートメントには、洗い流すタイプと洗い流さないタイプのふたつがあります。

洗い流すタイプは、シャンプー後の濡れた髪になじませ、数分間放置したあとにシャワーでよくすすぎます。洗い流さないタイプは、タオルドライした髪に塗り、そのままドライヤーで髪を乾かします。

カラーリングやパーマで髪が傷んでいる人は、両方使うと効果を実感しやすいでしょう。オイルやミルク、ミスト、クリームなど、髪質や用途に合わせて選びましょう。

⑤ スタイリング剤

- 左 – ヘアオイル
- 右 – ヘアスプレー

　スタイリング剤を使うとセットした髪がきれいに見え、湿気の多い日でもヘアスタイルが長持ちします。

　ワックスやヘアバーム、ジェル、ムース、ウォータータイプなど、種類はさまざまですが、万能なのがヘアオイルです。髪を保湿しながら広がりをおさえたり、束感をつくったりします。

　私のおすすめは、ツヤのあるウェットな質感が出せるN.の「N.ポリッシュオイル」。植物由来成分だけでつくられているので、髪だけでなく肌の保湿にも使えるんです。

　ヘアセットを長持ちさせるためには、ベーススプレーやハードスプレーを使います。

⑥ ヘアアイロン

- 左 – ストレートアイロン
- 右 – カールアイロン

　ストレートアイロンとカールアイロンがあります。ふんわりとした動きをつけたり、前髪をセットしたりするのに便利です。

　低い温度ではダメージが少なくすみ、高い温度はカールのキープ力が強くなります。

　ストレートアイロンは、くせを伸ばして髪をまっすぐにするものです。使い慣れれば、波のようなウェーブヘアをつくることもできます。

　カールアイロンは、パーマのようなカールをつくるものです。パイプ部分の太さによって、カールの大きさが変わり、太いものほどゆるやかなカール、細いものほどはなやかなカールになります。

STAFF

プロデュース	山口侑也、柿崎光彦
企画・PR	小山竜央
装丁	菊池 祐
本文デザイン	中村理恵（スタジオダンク）
イラスト	ソウノナホ（カバー）
	原田ちあき（表紙）
	奥川りな（本文）
編集・制作協力	スタジオダンク
構成	森田玲子
校正	ぶれす
編集	杉山 悠

美髪を手に入れる
1分ルーティーン

指どおりのいいツヤツヤな髪、憧れますよね。

ここでは、毎日のブラッシングで髪を美しくする方法を紹介。

ほかにも、薄毛や白髪、フケといったトラブルへの対処法、

ヘアアイロンや紫外線による髪へのダメージを

予防する方法を取り上げています。

ブラッシングやマッサージに、

特別なアイテムはほとんど必要ありません。

美髪をつくる
ブラッシングの基本

▶ ブラッシングで髪は生まれ変わる！

　髪がボサボサでまとまらなくて、悩んでいませんか？　ツヤツヤの髪に憧れて、ヘッドスパに行ったり、高価なシャンプーを使ったりしている人もいるかもしれません。

　でも、お金も時間もかけずに、髪をツヤツヤにするかんたんな方法があるんです。それが、ブラッシングです。**毎日たった1分ブラッシングをするだけで、髪はぐっときれいになります。**

　ブラシは髪をとかすためだけのもの。そう思っている人がほとんどではないでしょうか。じつはブラッシングには、きれいな髪をつくる3つの効果があるのです。

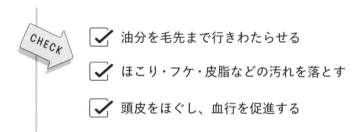

CHECK

- ☑ 油分を毛先まで行きわたらせる
- ☑ ほこり・フケ・皮脂などの汚れを落とす
- ☑ 頭皮をほぐし、血行を促進する

　これらの効果について、くわしく説明していきます。

▶ 油分で毛先のパサつきを改善

私たちの頭皮からは、油分が出ています。この油分は、じつは天然の保湿剤。トリートメントのような保湿効果を発揮してくれます。

頭皮からブラッシングすることで、髪の中間あたりで留まっていた油分が毛先まで行きわたり、ツヤツヤになります。

▶ シャンプー前に汚れをオフ

汚れ落としの効果もあります。じつはシャンプー前のブラッシングは、髪をきれいにするのにとても効果的なのです。

一日過ごすと、髪には見えないほこりやフケ、スタイリング剤などの汚れがたまります。**汚れがついたままだとシャンプーはなかなか泡立ちませんが、汚れはブラッシングである程度取り除けます。**

ブラッシングしてからシャンプーをすると、シャンプーの量を増やしたり、ゴシゴシとこすったりしなくても、モコモコの泡が立つので、摩擦による髪のダメージが少なくなります（p68）。

▶ ブラシで頭皮をマッサージ

ブラッシングは、頭皮のマッサージにもなるのです。**髪を洗って乾かしたあと、頭皮をマッサージするようにブラッシングすると、血流がよくなります。**すると、髪の毛をつくる細胞に充分な酸素や栄養が行き届き、髪にハリやコシがよみがえるので、髪のボリュームアップや、白髪

などの悩みに効果が高いのです。

　頭皮マッサージに使うブラシは、クッション性があり、面の広い「パドルブラシ」がおすすめ。ラバー部分がやわらかいため、頭皮を傷めにくくマッサージに最適なんです。目が詰まっていないので、絡まりやすい軟毛の人にも向いています。

　この頭皮マッサージでは、①前髪〜襟足、②耳の上〜襟足、③前髪〜頭頂部、④襟足〜前髪、の順に筋肉をほぐしていきます。各手順、3回ずつ行いましょう。

{ 美髪になるブラシマッサージ }

1

POINT
ブラシは頭皮に
しっかりと密着
させる

前髪から襟足にかけて、大きくブラッシングする。これを3回ほど行う。

2

耳の上から襟足にかけて、大きくブラッシングする。左右両側を行う。これを3回ほど行う。

3

前髪から頭頂部方向へ、左から右、右から左というように斜めにブラッシングする。これを3回ほど行う。

4

襟足から前髪にかけて、大きくブラッシングする。これを3回ほど行う。

▶ 髪にいいブラッシングは、一日3回

　特別な道具も必要なく、すぐに始められるブラッシング。それなの
に、美髪効果が抜群なので、さっそく今日から始めてみてくださいね。
ただ、かんたんにできて髪にいいからといって、むやみにブラッシング
するのはよくありません。気をつけないといけないポイントがいくつか
あります。

　まずは、**髪が濡れた状態でブラシマッサージをしないこと。**濡れた髪
は、乾いているときよりもデリケートな状態になっています。無理にブ
ラシを通せば、美髪どころかひどいダメージを与えてしまいます。きち
んとドライヤーで髪を乾かしてからにしましょう。

　次に、ブラッシングの回数です。おすすめは、一日3回まで。①朝起
きたとき（ツヤ出し）、②シャンプー前（汚れ落とし）、③就寝前（頭皮
マッサージ）が適切なブラッシングのタイミングです。これより多い
と、やりすぎです。摩擦によってキューティクルがはがれるだけでな
く、頭皮も傷ついてしまいます。

　最後は、週1回のブラシのお手入れです。絡まった髪の毛を取り除い
たら、消毒用アルコールを含ませたガーゼで、フケや皮脂の汚れを拭き
取ってきれいにします。ブラシは肌に直接触れるものなので、清潔に保
つようにしましょう。

まとめ

一日3回のブラッシングで、髪はツヤツヤになる

頭皮の美容液で
トラブルを解決

▶ 頭皮にだってスキンケアは必要

　頭皮のベタつきやにおいがあっても、どう解決したらいいかわからないですよね。そんなときにおすすめしたいのが、頭皮用の美容液です。

　頭皮は、顔の皮膚とつながっています。顔の乾燥が気になれば、化粧水や美容液を塗りますよね？　それと同じで、**頭皮の悩みも専用の美容液を塗ることで改善できるんです。**

　美容液の効果は、配合されている成分によって異なります。成分表を見て悩みに合った成分が含まれたものを選べば、効果を実感しやすいです。

{　頭皮にいい美容液の成分　}

乾燥やフケ	ベタつき	におい
セラミド／水溶性コラーゲン／水溶性プロテオグリカン／グリセリン／ヒアルロン酸 Na ／レシチン	テトラ 2- ヘキシルデカン酸アスコルビル／パパイア果実エキス／ローズマリー葉エキス／セージ葉エキス	チャ葉エキス／クマザサエキス／カキタンニン／チョウジエキス

▶ 美容液は、髪ではなく頭皮に塗るもの

　美容液は髪につけるのではなく、髪の分け目を少しずつ変えながら、頭皮に浸透するように塗りましょう。シャンプー後にタオルドライをし

てから塗り、いつもどおりドライヤーで髪を乾かします。

　毎日の顔のケアのついでに、頭皮もケアしてあげましょう。

{ 頭皮用の美容液の塗り方 }

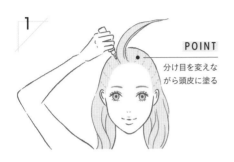

1

POINT

分け目を変えな
がら頭皮に塗る

前髪から後頭部へ放射線状に塗る。

2

襟足に塗る。

3

顔まわり（額の生え際、もみあげ、耳の上）
に塗る。

4

手の平で包み込むようにして、頭皮をやさ
しくプッシュ。手の平の体温で温めなが
ら、美容液を浸透させる。

まとめ

悩みに合った美容液を選んで、毎日頭皮に塗る

「ツボ押し」で薄毛を改善

▶ 女性ホルモンの減少で薄毛に

「最近、髪のボリュームが減ってきて頭頂部がペチャンコになりがち」「髪の分け目で地肌が目立ちやすくなった気がする」──。

女性でも、薄毛に悩む人は少なくありません。薄毛の原因はさまざまですが、女性の場合は、**ホルモンの乱れが大きく関係する**といわれています。

女性ホルモンは、老化や無理なダイエット、ストレスなどにより減少します。すると、髪をつくる細胞の働きがにぶくなり、薄毛になってしまうのです。

薄毛の改善には、健康的な生活を送って、女性ホルモンを活性化させることが効果的です。

▶ ツボ押しがホルモンの分泌を促進

女性ホルモンの減少を防ぐには、規則正しい生活を送るのが一番です。けれども、忙しい現代女性にとって、睡眠時間を増やしたり、食生活を見直したりするのは、難しいですよね。

そこで試してほしいのが、女性ホルモンの分泌を促進するツボを押すこと。時間もかからず、かんたんにできますよ。

ツボ押しをするときに気をつけてほしいポイントは、次の3つです。

☑ 指でゆっくり押して、ゆっくり戻す

☑ 押す回数は一日2、3回。やりすぎは炎症が起こることも

☑ 力加減は、気持ちいいと感じる程度。痛いのはNG

　ツボ押しは、リラックスした状態で行うのがベスト。「押すときに息を吐き、離すときに吸う」というように呼吸を整えます。

　女性ホルモンを刺激するツボは、①足首の内側にある「三陰交」、胸にある②「膻中（だんちゅう）」と③「天渓（てんけい）」の3か所。毎日2、3回押しましょう。

{ 薄毛を改善するツボ }

①三陰交
ふくらはぎの内側。くるぶ
しから指4本上のところ。

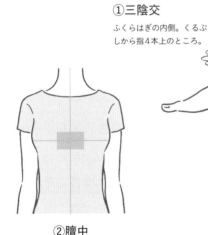

②膻中
バストトップを結んだ線と体
の中心線の交わるところ。

③天渓
バストトップと同じ高さで、
左右のバストの輪郭上。

29

▶ マッサージで頭皮の血行を促進

ツボ押し以外にも、薄毛を改善する方法があります。

まずは、頭皮の血行を促進するマッサージ。耳のまわりに指の腹を沿わせ、ぐるぐると小さな円を描きながら、ゆっくりと頭頂部方向へ移動します。シャンプーをするときに、1分程度行いましょう。

耳のまわりにある太い血管の血流をよくすることで、頭頂部にある毛細血管の血流もよくなります。23ページでもお話ししましたが、**頭皮全体の血流がよくなると、髪をつくる細胞の働きが活発になり、薄毛の改善につながります。**

{ 薄毛を改善する頭皮マッサージ }

POINT
痛くない程度の
刺激を与える

耳のまわりを指の腹
でつかむようにし
て、筋肉をほぐす。

頭皮マッサージと一緒に行ってほしいのが、**肩や首のストレッチ**です。肩や首の血管は、首の後ろ側を通って頭皮にもつながっています。**そのため、肩や首がこっていると、頭皮まで血行不良になるおそれが。**

とくにデスクワークをしている人は、長時間同じ姿勢が続くため、肩や首がこりやすいです。仕事の合間に肩甲骨と首のストレッチをして、こりをほぐしましょう。

{ 肩と首のこりをほぐすストレッチ }

1

肩甲骨を意識して、背中方向へ肩をぐ
るぐると回す。これを5回ほど行う。

2

首を左右の肩側に倒して、ストレッチ
をする。これを5往復ほど行う。

▶ **ヘアローションで育毛効果アップ**

　薄毛の改善には、育毛効果のあるヘアローションを使うのもおすすめ
です。シャンプーしてタオルドライをしたあと、マッサージしながら頭
皮全体になじませます。

　**ヘアローションに含まれるおもな成分の役割は、頭皮の保湿や血行促
進、皮脂の過剰な分泌の抑制、毛根の活性化などです。**毎日ヘアローシ
ョンを塗れば頭皮環境が整うので、結果として健康的な髪を生やすサポ
ートになります。

まとめ

ツボ押しやマッサージで頭皮環境を整える

首マッサージで白髪予防

▶ メラノサイトの機能の低下で白髪に

真っ白な白髪は目立ちますし、見つけるとショックですよね。「これからどんどん増えていくのかな……」と不安に思う人もいるでしょう。でも、ヘアケアのアイテムを使うことなく、自分の手で白髪を生えにくくする方法があるのです。ここでは、その方法を紹介していきますが、まずはじめに白髪が生えるしくみから説明します。

黒や茶などといった地毛の色は、毛根にある「メラノサイト」という細胞で発生する、メラニン色素によってつくられています。**何らかの原因でメラノサイトの機能が低下すると、髪が白いままで生えてきます。これが白髪です。**

メラノサイトの機能が低下するおもな原因は、次の3つです。

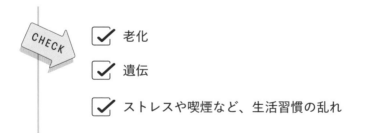

CHECK

- ☑ 老化
- ☑ 遺伝
- ☑ ストレスや喫煙など、生活習慣の乱れ

白髪は、一般的には30代半ばごろから増え始めます。これは、メラニン色素をつくるために必要な「チロシナーゼ」という酵素が、加齢によって減少するからです。チロシナーゼが減少すると、メラノサイトの機能が低下して、白髪が増えてしまいます。

10代や20代前半でも白髪が生える人がいるように、同じ年代でも人によって白髪の量に差があります。これは遺伝が原因だといわれています。髪色を保つための遺伝子の発生率や、色素を形成する機能が関係するという説があるそうです。

老化や遺伝が原因だといわれると、「白髪は自分ではどうにもできない」と感じてしまうかもしれません。**でも、白髪の原因には、自分で改善できるものもあるんです。**

▶ 血行促進で白髪が減少

ストレスも白髪の大きな原因のひとつです。強いストレスを受けると、血管が収縮し、頭皮の血流が悪くなります。すると、必要な酸素や栄養が運ばれなくなり、メラノサイトの機能は低下してしまいます。同じく喫煙によっても血行不良になるので、白髪の原因のひとつといえます。

頭皮の血流をよくして、白髪を改善するのに効果的なのが首のマッサージです。首には太い血管が通っていて、その血管は頭皮までつながっています。**首をマッサージすることで、頭皮の血流がよくなり、メラノサイトの活動が活発になります。**

このマッサージは、一日1回、お風呂のあとに行いましょう。からだが温まった状態でマッサージをすると、効果が得られやすくなります。

いつまでも黒い髪をキープしたいという人は、1分でできるかんたんなマッサージなので、ぜひ試してくださいね。

{ 白髪を増やさないマッサージ }

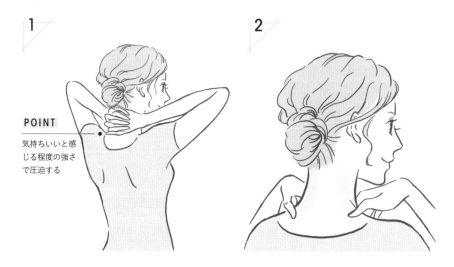

1

POINT
気持ちいいと感じる程度の強さで圧迫する

両手を首の後ろで組み、指の付け根で首筋を圧迫する。これを5回ほど行う。

2

親指の腹を使い、襟足から肩につながる筋肉をほぐす。これを5回ほど行う。

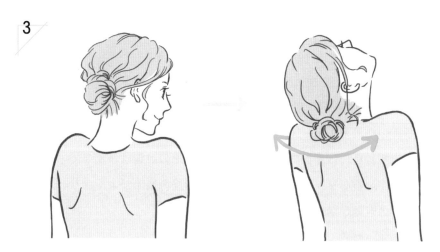

3

肩をすくめて、頭を後ろに倒し、頭を左右に動かす。これを5往復ほど行う。

▶ 白髪を改善する食べ物・飲み物

マッサージに加えて、バランスのいい食生活も大切です。栄養が不足すると、地毛に色をつけるメラニン色素も少なくなってしまうからです。

とはいっても、毎回バランスのとれた食事をするのは難しいですよね。そんなときは、白髪を改善するのに効果のある食品や飲み物を少しでも積極的にとるように意識してみてください。

老化を予防する抗酸化作用のあるものや、からだを温めて血流をよくするものが、とくに効果的。どれもスーパーで買えるので、普段の食生活にもかんたんに取り入れられますよ。

{ 白髪の改善に効果のある食品・飲み物 }

食品

アボカド
ナッツ類
しょうが
にんにく
オリーブオイル

飲み物

ルイボスティー
豆乳
青汁
ココア

まとめ

首をマッサージでほぐし、頭皮の血流をよくする

乾性のフケには化粧水で頭皮の水分補給を

▶ フケ改善の近道は保湿ケア

　毎日シャンプーをしているはずなのに、パラパラと落ちてくる白いフケ。「ちゃんと洗っているはずなのに何で？」と、ふしぎに思いますよね。じつは、きちんとシャンプーをして清潔にしていても、フケは出てくるんです。**その原因は頭皮の乾燥です。**

　白くて細かい、乾燥している、パラパラと落ちてくる、といった特徴のフケは、頭皮が乾燥することで出てきます。今まで、頭皮を清潔にすることばかりに気を使っていたかもしれませんが、**フケを改善するために必要だったのは、保湿をして乾燥を防ぐことだったのです。**

　乾燥性のフケに効果的なのが、化粧水。専用のものは必要ありません。いつも顔に使っている化粧水を毎日頭皮に塗れば、フケが出にくくなるはずです。

▶ コットンでやさしく塗布

　化粧水は、シャンプー後にタオルドライをしてから塗ります。

　化粧水を染み込ませたコットンを当てて、頭皮全体を保湿していきましょう。手順は、27ページの美容液と同様、分け目を少しずつ変えながら塗るのがポイント。**ビシャビシャと水気が残るくらいつけるの**

はNG。逆に、**頭皮がベタついてしまいます。**

塗り終えたら、ドライヤーで乾かしましょう。慣れると、1分もかからずにできるようになります。

化粧水をつけることは、日焼けした頭皮のケアにもなります。紫外線を浴びた頭皮は、とても乾燥しています。長時間外出した日は、化粧水で頭皮も忘れずに保湿しましょう。

▶ トリートメントのお休みも大切

フケを改善するために試してほしいことは、ほかにもあります。

まずは、シャンプーのやり方です。フケをなくしたいからといって、爪を立てたり、強くこすりすぎたりすると、頭皮に炎症が起こります。すると、肌を守ってくれるバリア機能が正常に働かなくなり、頭皮が乾燥してしまいます。シャンプーをするときは指の腹を使い、やさしくていねいに洗いましょう。

それでもフケが改善されなければ、シャンプーやリンス、コンディショナー、トリートメント、化粧水の使用をお休みしてみてください。これらに含まれる成分が、敏感になっている頭皮にとって刺激になることも。心配なときは医師に相談して、自分に合った方法を選択してください。

まとめ

コットンで、化粧水を頭皮にやさしく浸透させる

髪を早く伸ばすには「分け目」を変える

▶ 髪を伸ばしたいなら頭皮をガード

　結婚式などのイベントのためや、したい髪型があって髪を伸ばしていても、なかなか思うようにいかないですよね。それどころか、せっかく伸ばしても、傷んだ状態だと結局切ることになってしまいます。

　髪は、1か月で1cm伸びるといわれています。けれども、頭皮環境が悪かったり、栄養が不足していたりすると、**伸びる速度が遅くなるだけでなく、コシがない状態で伸びてきてしまいます。**

　たとえば、紫外線は頭皮の環境を悪くする原因のひとつ。頭皮に紫外線のダメージが蓄積すると、髪を育てる細胞が傷つき、伸びるのが遅くなったり、栄養が不足してコシがない髪が生えたりします。

　できるだけ早く髪をきれいに伸ばすためには、紫外線などのダメージから頭皮を守り、健康的に保つことが大事です。

▶ 分け目を変えずにいると薄毛の原因に

　髪を早く伸ばすためにまず試してほしいのが、**分け目を変えることです。**「そんなことで髪が伸びるの？」と思うかもしれませんが、かんたんなのに、おどろくほど効果的です。

　髪本来の役割は、紫外線や外気の汚れなどから頭皮を保護すること。

分け目は頭皮がつねに露出しているので、ダメージが蓄積しがちです。

　すると、毛根にある髪を生やすための細胞が傷つき、分け目のところだけ髪が薄くなったり、コシのない髪が伸びてきたりします。

　普段から髪の分け目を変えることで集中していた紫外線などの外的ダメージが分散され、結果として、髪をきれいに伸ばすことができます。

　もとの分け目のくせを取る方法は88ページで説明しているので、参考にしてください。

▶ 早く伸ばすアイテム・ヘアローション

　育毛をサポートする成分が含まれたヘアローションを使うのも、髪を早くきれいに伸ばすのに効果的です。頭皮に必要な栄養を与えながら、皮脂のバランスを整えてくれます。ヘアローションのつけ方は、27ページで紹介している美容液のつけ方と同じです。

　私のおすすめは、加美乃素本舗の「ヘアアクセルレーター EX」。毛根の機能をサポートする「ヒノキチオール」や、頭皮の血流をよくする「カミゲンK」など、髪をきれいに伸ばすための有効成分が配合されています。

　少しでも早く髪を伸ばしたい人は、ぜひ試してみてくださいね。

まとめ

分け目を変えて、紫外線のダメージから頭皮を守る

ヘアアイロンのダメージは
トリートメントで防ぐ

▶ 正しくアイロンを使ってダメージを軽減

　髪を通すだけで、サラサラのストレートにしたり、巻き髪をつくったりできるヘアアイロン。便利でよく使うという人も多いかと思います。**ただ、毎日使っていると、熱によるダメージが蓄積して髪はパサパサになってしまいます。**

　でも、これから紹介する3つをおさえれば、髪のダメージを最小限に留めることができるのです。

☑ 洗い流さないトリートメントでガード

☑ 温度は160℃に設定

☑ 少量の毛束に分けてから通す

▶ トリートメントで髪をコーティング

洗い流さないトリートメントには、保湿効果だけでなく、ヘアアイロンの熱や紫外線から髪を守るコーティング剤の役割もあります。

　使うときは、シャンプー後にタオルドライをしてから塗ります。1分も

かからないので、お風呂上がりの習慣にするといいと思います。全体になじませたら、ドライヤーで髪を乾かしましょう。

　髪を乾かすときにも、気をつけたいポイントがあります。これからくわしく説明していきますが、髪は乾くときに形が決まります。ヘアアイロンほどではありませんが、ドライヤーである程度のくせを伸ばすことができます。　髪をまっすぐに伸ばしたいときは、こうしておくことで、ヘアアイロンに髪を通す時間を短縮できて、ダメージの予防になります。

{ ドライヤーを使ったくせの取り方 }

濡れた髪に手ぐしを通し、くせを伸ばすようなイメージでやさしく引っぱりながら、ドライヤーを当てる。

▶ 髪が傷まない温度は 160℃

　髪の毛は、水素結合により形成されています。水素結合とは、水に濡れると結合が切れ、乾くと結合するという性質。ヘアアイロンは、この性質を利用しています。

ヘアアイロンで熱が加わると、毛髪内部の水分が蒸発。ここで水素結合が起こり、髪がまっすぐになったり、カールしたりします。そのまま熱が冷めると、形がキープされるというしくみです。

温度が高いほどキープ力もアップしそうに思えますが、高すぎると必要な水分まで蒸発して、髪が乾燥してしまいます。逆に低すぎると髪の形が変わらず、何度もヘアアイロンを通すことになり、髪がダメージを受けます。

ヘアアイロンの適切な温度は160℃。これが、水素結合が起こり、必要以上に髪を傷めないための温度です。前髪は量が少ないので、130℃ほどにしましょう。

▶ 一度に多く通すのはNG

ストレートアイロンを使う場合、たくさんの髪をいっぺんに通すと、内側まで熱が通らず、髪がまっすぐになりません。**すると、何度も通すはめになり、髪の表面がパサパサになってしまいます。**

ヘアクリップで髪を留めながら少量ずつ通すと、余計なダメージを与えずに済みます。

スライドさせるときにも、髪を傷めないためのポイントがあります。髪の根元から中間までは、とくにくせが強いところです。プレートで髪をしっかりと挟み、引っぱるようにしてスライドさせると、くせが伸びやすくなります。

毛先は毛量が少ないので、熱を通すのは一瞬で充分です。長時間毛先に熱を加えると、乾燥してしまうので気をつけましょう。

{ ヘアアイロンに通す髪の量 }

一度にたくさんの髪を通すと、結局何度もヘアアイロンを通すことになって、ダメージを受ける。

ひと束の量を少なくすると、すぐに熱が通るので、ダメージが少なくなる。

{ 髪を傷めないヘアアイロンの通し方 }

しっかり熱を通す

サッとスライドさせて抜く

まとめ

洗い流さないトリートメントで熱から髪を守る

アイロンを通す前にヘアクリップで髪を分ける

紫外線のダメージは
日焼け止めで軽減

▶ 乾燥や切れ毛のトラブルから髪を守る

　紫外線から肌を守るために、顔やからだには日焼け止めを塗りますよね。それなのに、髪や頭皮は無防備なままという人がほとんどではないでしょうか？

　じつは、紫外線は髪や頭皮にとっても大敵。**紫外線によるダメージを受けると、乾燥や切れ毛などのトラブルが起こります。**そのうえ、肌と違って、一度受けたダメージを自ら修復する力が髪にはありません。

　髪や頭皮の健康のためには、日焼け止めを塗って、紫外線から守ることが大切です。

▶ 紫外線は髪のパサつきやフケの原因に！

　紫外線を浴びると、髪をコーティングするキューティクルがはがれます。すると、そこから内部の水分が流出し、髪はパサパサに。

　このような髪は、枯れ木のように中心がスカスカで、とても傷つきやすくなっています。**そこに紫外線を浴びると、髪の内側のタンパク質が壊れ、髪がもろくなるのです。**すると、ブラッシングのようなちょっとした摩擦でも、切れたり枝毛になったりしてしまいます。

　頭皮も顔と同じように、紫外線を浴びると乾燥します。乾燥すると、

フケやかゆみが出たり、乾燥を補うために皮脂が過剰に分泌されたりします。過剰な皮脂は、ベタつきやにおいのもとです。

▶ スプレータイプの日焼け止めで紫外線をブロック

髪や頭皮には、広範囲にムラなく塗れるスプレータイプの日焼け止めを使います。**頭皮だけでなく、毛先までまんべんなくスプレーするのが大切です。**分け目の部分は、紫外線のダメージを受けやすいので、塗り残しがないように気をつけましょう。

汗をかくと日焼け止めが落ちてしまうので、2〜3時間に1回、塗り直しをすると効果が持続します。「SPF」と「PA」の表示をチェックして、外出する時間や季節に合った日焼け止めを使いましょう。

{ シーンに合った日焼け止め }

シーン	SPF	PA
近所への買い物や通勤など	10 〜 20	＋ 〜 ＋＋
屋外での軽いスポーツなど	20 〜 40	＋＋ 〜 ＋＋＋
炎天下でのレジャーなど	40 〜 50	＋＋＋ 〜 ＋＋＋＋

SPF…赤みなどの炎症を起こす紫外線（UVB）を防ぐ数値
PA…しわやたるみの原因になる紫外線（UVA）を防ぐ数値

まとめ

日焼け止めスプレーを髪と頭皮にまんべんなく塗る

アミノ酸系サプリメントで手軽に育毛

▶ 栄養補給で健康な髪をつくる

ボリュームがあるフサフサの髪を育てるには、髪のもとになる栄養素をとることが大切です。でも、毎食、栄養バランスを考えて料理したり、外食先でメニューを選んだりするのは大変ですよね。

不足している栄養素を手っ取り早くとるには、サプリメントを活用するのがいいでしょう。**サプリメントなら、必要な栄養素を必要な分だけ、手軽に補うことができます。**

最近薄毛が気になってきたという人や、髪にコシがないと感じている人は、サプリメントで栄養を補ってみてください。

▶ ふたつの栄養素で髪がフサフサに！

髪をつくるのに必要な栄養素はふたつあります。

ひとつ目は、アミノ酸。髪の主成分は、「ケラチン」というタンパク質です。**タンパク質はアミノ酸の集合体なので、アミノ酸が不足すると、薄毛や白髪などのトラブルが起こります。**

ケラチンをつくるのにとくに大切なアミノ酸は、「リジン」と「アルギニン」「L-シスチン」の3種類です。

赤身肉や大豆製品、乳製品などに含まれるリジンは、ケラチンの生成

を促し、大豆や魚介類などに含まれるアルギニンは成長ホルモンの分泌を促します。

　小麦や大豆、カツオなどに含まれるL-シスチンには、からだの代謝を促す効果や抗酸化作用があります。薄毛や白髪が気になる人には、とくに必要な栄養素です。

　ふたつ目は、ミネラルです。中でも、ミネラルの一種である亜鉛は牡蠣や赤身肉、レバーなどに含まれ、**ケラチンをつくるもとになります。**ミネラルは体内でつくることができないので、食事やサプリメントで補うしかありません。意識的に摂取しないと、不足してしまいます。

　サプリメントでこれらを補えば、髪がフサフサになります。

▶ 続けてこそ効果が出る

　サプリメントは、継続して飲み続けることで効果を発揮します。けれども、何種類ものサプリメントを飲み続けるのは大変ですよね。

　私のおすすめは、和漢メディカの「黒ツヤソフト」です。**これを飲むだけで、髪のもとになるアミノ酸とミネラルの両方を補うことができます。**複数のサプリメントを飲む必要がなく、続けやすいこともメリットです。

> **まとめ**
>
> サプリメントを飲んでアミノ酸や亜鉛を補う

水をこまめに飲んで髪を健康に保つ

▶ 髪のダメージは水分不足が原因⁉

　私たちのからだの約60〜70％は、水でできています。体内の水分が不足すると、からだにはさまざまな問題が起こります。からだの一部である髪にだって、影響があるんです。

　これには、血液の循環が関係しています。血液の約90％は水分です。水分が不足すると、髪に酸素や栄養を運んでいる血液がドロドロになります。**すると、充分な酸素や栄養が届きにくくなり、ツヤが失われたり、白髪が増えたり、薄毛になったりします。**

　ヘアケアをしっかりしているのに、髪の状態がよくならないという人は、もしかすると水分が足りていないのかもしれません。

▶ 一日2Lを目安に分散して飲む

　健康的な髪でいるために飲む水の量は、一日2Lです。でも、一気に2Lを飲もうとすると大変です。さらに、一度にたくさん飲むと、内臓に負担がかかり、かえってからだによくありません。

　おすすめは、コップ1杯の水（約200ml）を、9回に分けて飲むことです。

　たとえば、①起床時、②朝食時、③午前中、④昼食時、⑤午後、⑥夕

食時、⑦入浴前、⑧入浴後、⑨寝る前の9回。残りの200mlくらいなら、食べ物に含まれている水分で自然に補えます。

　このように、飲むタイミングを決めておけば、一日2L飲むのもそれほど難しくありません。

▶ カフェインの利尿作用に注意

　ただ水を飲むだけとはいえ、気をつけてほしいポイントがあります。

　冷えた水ではなく常温のものを飲みましょう。キンキンに冷えた水だと、からだが冷えて血流が悪くなり逆効果です。冬は白湯を飲んで、からだを温めるのがおすすめです。

　また、コーヒーやジュースだと、水分補給になりません。とくに、コーヒーには注意。**せっかく水を飲んでも、カフェインの利尿作用によって、水分がからだの外に出ていってしまうのです。**

　これらのポイントをおさえて、実践してみましょう。

　私の場合、立ち仕事による足のむくみに悩んでいました。けれども、毎日2L水を飲むようになってから、仕事終わりも足がすっきりしていて、疲れを感じにくくなりました。

　水を飲むと、からだにいいことがたくさん起こります。ぜひ習慣にして、全身の健康を目指しましょう。

> **まとめ**
>
> 約200mlの水を一日に9回飲む

美容アイテム・電気ブラシで美髪に

▶ 美髪になる魔法のブラシとは？

　自宅でかんたんに、本格的な頭皮ケアがしたい人には、電気ブラシがおすすめです。

　電気ブラシとは、低周波で頭皮のこりをほぐし、停滞した老廃物を流す効果のあるブラシのこと。**薄毛や白髪、ベタつき、乾燥などのあらゆる髪の悩みが改善されるだけでなく、頭皮のこりがほぐれることでリフトアップ効果まであります。**

　美肌効果の高いLEDを搭載したものだと、美顔器と同じように、顔やデコルテのケアにも使えます。ほうれい線やフェイスラインに当てると、信じられないくらいリフトアップしますよ。

　電気ブラシは高価ですが、それだけの効果が実感できると思います。自分へのごほうびや、エステやヘッドスパに通うかわりに、試してみてはいかがでしょう。時間もかからないので、忙しい人にもおすすめの美容アイテムです。

　私が使っているのは、ELECTRON EVERYONEの「デンキバリブラシ®」。32本のやわらかいピンヘッドから出る低周波が、頭皮環境を整えてくれます。充電式なので、どこにでも持ち運べて、外出先でも使えて便利です。

{ 美髪を育て、リフトアップする電気ブラシの使い方 }

1

頭頂部から前頭部にかけてブラシを当て、少しずつ揺らすように動かす。

2

前髪→耳の上→後頭部の順で、1と同じようにブラシを動かす。髪が多い人は、髪を分け取りながら行う。

3

首→肩→鎖骨の順で、上から下にブラシを滑らせる。

※一般的な電気ブラシの使用方法です。
使用の際は、各商品の取扱説明書をご確認ください。

4

顔に使用できる電気ブラシの場合、フェイスラインやほうれい線にブラシを当て、下から上に動かす。

まとめ

電気ブラシを頭皮に当てて、頭皮のこりをほぐす

頭皮マッサージで
顔はどんどん若返る

▶ 頭皮をほぐせばしわが消える!?

年齢を重ねるにつれ、顔のしわやたるみが気になってきますよね。じつは、これらの悩みは、頭皮のこりによるものかもしれません。

顔を引き上げている筋肉は、頭皮とつながっています。**頭皮がこって、血流が悪くなると、顔を支える筋肉の力が弱くなり、しわやたるみが目立つようになるのです。**

頭皮のこりをほぐすには、頭皮マッサージがおすすめ。顔が引き上げられてしわやたるみが目立ちにくくなるほかに、フェイスラインがすっきりしたり、目がパチッと開いたりして、若見えします。

▶ 3か所のマッサージで若返り効果も

マッサージするときは、右ページのイラストにある3か所を、それぞれ次の工程で行います。

❶ 指圧する…指の腹で頭皮を圧迫し、血行を促進させます。

❷ ほぐす…ぐるぐると円を描くように、頭皮の筋肉をほぐします。

❸ 引き上げる…親指の付け根を頭皮に当て、頭皮を上に持ち上げるようにして、顔をリフトアップさせます。

{ 若見え頭皮マッサージ }

耳の上から頭頂部にかけて、手を置く位置を2cm間隔でずらし、3回に分けて行う。

前髪から前頭部にかけて、手を置く位置を2cm間隔でずらし、3回に分けて行う。

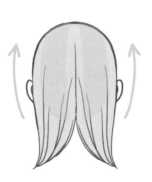

襟足から頭頂部にかけて、手を置く位置を2cm間隔でずらし、3回に分けて行う。

まとめ

頭皮の筋肉をほぐして、顔をリフトアップさせる

セルフヘアカラーの
完成度をアップ

▶ セルフカラーをするのは根元だけ

忙しくて美容院に行く時間がないときに、自宅でできるセルフカラーは便利ですよね。でも、いざ挑戦してみると、染めムラができたり、染まりすぎたりして大失敗！ そんな経験はありませんか？

全体をきれいに染め直すには、やはりプロにお任せするのが一番ですが、**どうしても美容院に行けないときは、伸びきった根元だけを自分で染めましょう。**

染めるのは鏡で見える範囲だけなので、染めムラの失敗もありません。美容院に行くまでの応急処置として、試してみてください。

▶ きれいに染めるにはクリームタイプ

カラー剤は、クリームタイプがおすすめ。量を調節しやすく、初心者でも扱いやすいです。

市販のカラー剤には強い薬品が含まれているので、付属のパッチテストキットを使い、アレルギーが起きないか、かならず確認しましょう。**セルフカラーを始める前に、カラー剤がつきやすい額の生え際からもみあげまで、ワセリンを塗るのがおすすめです。** ワセリンの油膜が、カラー剤から皮膚を保護してくれます。

{ 根元をきれいに染めるセルフカラー }

1

POINT

生え際の中心ともみあげはカラー剤を多めに塗る

付属のハケつきコームのハケ側に取ったカラー剤を顔まわりに塗り、コーム側でとかしながら後ろの髪となじませる。

2

頭頂部で髪を分け、分け目の根元から2mmほど離れたところの髪にハケでカラー剤を塗り、コームでなじませる。

3

2で塗った分け目から1cmあたり外側を分け取り、カラー剤を塗る。左右のもう一方も同じように行う。

4

髪を横方向に分け取りながら、頭頂部の根元にカラー剤を塗る。残しておいた根元の際にもカラー剤を塗る。

5

カラー剤を塗った部分にラップをかぶせ、表示された時間どおりに放置する。

まとめ

染まりにくい部分から順に、根元だけ染める

PART 1 美髪を手に入れる1分ルーティーン

「ナイトキャップ」で
パーマを長持ちさせる

▶ パーマ後48時間はシャンプーをがまん

　せっかくパーマをかけたのに、すぐにカールが取れてしまって、残念な思いをしたことはありませんか？

　パーマが髪に定着するには、2〜3日かかります。その間に間違ったお手入れをしてしまうと、パーマが取れやすくなってしまうのです。パーマを長持ちさせるために、次の3つのことに気をつけましょう。

CHECK

- ☑ 48時間以内はシャンプーを使わない

- ☑ クリームタイプの洗い流さないトリートメントを使う

- ☑ 就寝時にナイトキャップをかぶる

　パーマをかけてから48時間は、できるだけシャンプーは使わないようにしてください。**洗浄成分がパーマの効果を弱めてしまうからです。**髪のベタつきが気になる場合は、お湯だけで頭皮を洗いましょう。洗い方は、66ページで説明しています。

　パーマをかけた髪はとても乾燥しているので、洗い流さないトリートメントでの保湿がいつも以上に大切です。オイルだと髪が重くなりカールが伸びてしまうので、**クリームタイプを使いましょう。**

とてもかんたんなのに効果的なのが、**寝る前にナイトキャップをかぶ ることです。**ナイトキャップが寝具との摩擦から髪を守ってくれるの で、カールがつぶれにくくなります。シルク製のものだと、髪の保湿効 果もあります。

▶ パーマをキープする4ステップ

お手入れと同じくらい大切なのが、ヘアセットです。お出かけ前には 下の手順でセットしましょう。

❶ 水やスタイリング用のミストで髪を濡らします。

❷ ムースを両手になじませます。

❸ 髪をくしゃっと握りながら、もみ込むようにしてなじませます。

❹ 長時間外出するときは、ヘアスプレーをかけます。

スタイリング剤を重ねづけすることで、パーマスタイルが一日中きれ いにキープされます。

まとめ

クリームタイプの洗い流さないトリートメントを使う

ナイトキャップをかぶって寝る

Q 髪にとっていいのは、

A 夜のうちに頭皮を
きれいにしよう

夜シャンできれいな髪が育つ

　朝起きてからシャンプーをすれば、寝ぐせ直しの手間も省けるし、朝からさっぱりして、いい香りがしたまま出かけられるからと、実践している人も多いのではないでしょうか。

　メリットが多いように感じられる朝シャンですが、じつは、頭皮や髪にはよくないのです。

　睡眠中は、頭皮のダメージを回復し、髪を育てる成長ホルモンが分泌される大切な時間。だから、夜寝る前にシャンプーをして、頭皮をきれいにしておく必要があります。頭皮が汚れたままで寝てしまうと、**頭皮の新陳代謝の機能が正常に働かず、きれいな髪が育たなくなります。**

　朝シャンを長く続けていると、次第に頭皮環境が悪くなり、くせ毛やうねり毛が生えたり、フケやかゆみの原因になったりするんです。

朝シャン？ 夜シャン？

朝シャンでダメージが増加！

　一日過ごした頭皮は、汗や皮脂で汚れています。その状態で長時間放置すると、頭皮についた皮脂が酸化。酸化した皮脂は、「過酸化脂質」というしつこい油汚れに変わります。換気扇やフライパンの油汚れも、放置すると落ちにくくなりますよね。それと同じことが頭皮でも起きてしまうんです。

　一度のシャンプーでは皮脂が落としきれなくなり、毛穴が詰まり、頭皮環境が悪くなります。

　適度な皮脂は、頭皮や髪を保湿し、紫外線などのダメージから守るために必要です。雑菌の繁殖を防ぐ役割もあります。

　けれども、シャンプーして皮脂を洗い流すと、次に皮脂が頭皮や髪に行きわたるまでには約6時間かかるといわれています。つまり、**朝シャンをしてすぐに出かけてしまうと、頭皮はガードされていないまま。**髪は、紫外線などの影響をもろに受けてしまうことになり、ダメージが増加します。

　朝シャンをしないと目が覚めないという人や、汗をリセットしたいという人は、お湯だけで髪を洗う「湯シャン」（p66）にするのがおすすめ。脱脂力のあるシャンプーを使わないことで、必要な皮脂は残したまま、すっきりできます。

　きれいな髪を育てるために、日中の汚れは夜のうちにシャンプーして落としましょう。

髪が生まれ変わる
シャンプー時の1分ケア

シャンプーのしかただけで、

髪はツヤツヤにもボサボサにもなります。

今まで何となくシャンプーをしていたなら、

今日から正しいシャンプーの方法を実践してみましょう。

シャンプー以外にも、話題の「リバースケア」や「湯シャン」

について解説しています。シャンプー前にしっかり汚れを

落とすための「予洗い」や、シャンプー後の

正しいドライヤーテクも取り入れて、美髪を目指しましょう！

サラツヤ髪は「リバースケア」でつくる

▶ 髪質を変える「トリートメント」の重ねづけ

毎日トリートメントをしているはずなのに、髪の乾燥で悩んでいませんか？　髪がひどく傷んでいると、いつもどおりのケアをしただけでは、まとまりは出ませんよね。

その悩みを解決するのが、「リバースケア」。**リバースケアは、シャンプー前にトリートメントを重ねづけするだけというかんたんなケアの方法です。**

それなのに、髪が生まれ変わったようにサラサラになり、毛先にまとまりが出るので、きっとびっくりすると思います。髪の乾燥に悩んでいる人は、ぜひ試してみてくださいね。

▶ シャンプー前のケアでダメージ減

リバースケアは、シャンプー前の乾いた髪に行います。週1、2回、髪のパサつきが気になったときに試してみてください。

トリートメントは、乾燥しやすい毛先を中心に塗ります。頭頂部に塗ると、髪のボリュームがなくなってしまうので、気をつけましょう。

シャンプー前にトリートメントを塗ることで、髪の滑りがよくなり、摩擦によるダメージを減らせるといったメリットもあります。

{ 髪をサラツヤにするリバースケア }

1

毛先→中間→根元の順でブラッシングをする。

2

POINT

植物性のアルガンオイルやホホバオイルがおすすめ

洗い流さないトリートメントを毛先に塗り、10分間放置する。

3

POINT

目の粗いコームを使うと、摩擦が起きにくい

洗い流すトリートメントを毛先に塗り、目の粗いコームでとかす。

4

いつもどおりシャンプーとトリートメントをし、タオルドライをする。

5

洗い流さないトリートメントを塗る。

6

目の粗いコームでとかし、そのあと、ドライヤーで髪を乾かす。

まとめ

シャンプー前に毛先にトリートメントを重ねづけする

汚れをしっかり落とす「予洗い」のやり方

▶ お湯だけで汚れの8割をオフ

「シャンプーをしたのに頭皮がにおう」「シャンプーを多く使わないとスタイリング剤が落ちない」──。そんな人は、シャンプー前の「予洗い」が足りていないのかもしれません。

予洗いとは、シャンプー前にお湯だけで頭皮や髪を洗うこと。髪についたスタイリング剤などの汚れの7〜8割は、この予洗いのみで落とすことができます。反対に予洗いが足りていないと、シャンプーの泡立ちが悪くなり、汚れを落としきれません。

予洗いをしておけば、大量にシャンプーを使ったり二度洗いしたりしなくても、頭皮や髪を清潔に保てます。

予洗いをするのに大切なポイントは、次の3つです。

- ✓ お湯の温度は、体温に近い37℃前後
- ✓ 頭皮をマッサージをするように洗う
- ✓ 予洗いは1分行う

▶ 汚れ落としはシャワーヘッドで

予洗いは、体温に近い37℃前後のぬるま湯で行いましょう。お湯が熱すぎると、髪のツヤを保つのに必要な皮脂まで洗い流してしまい、頭皮や髪が乾燥します。

髪を濡らすときは、シャワーヘッドを直接頭に当て、根元からしっかりと流していきましょう。こうすることで、頭皮についた皮脂やスタイリング剤の汚れを浮かせることができます。

汚れを浮かせたら、指の腹で頭皮をマッサージするようなイメージで洗います。この行程を1分かけて行いましょう。髪が長い人や多い人は、少し長めに予洗いしてくださいね。これで、シャンプーの泡立ちは格段によくなるはずです。

{ 予洗いをするときのポイント }

シャワーヘッドを頭に当て、根元までしっかり濡らす。

まとめ

シャンプー前に、ぬるま湯のみで頭皮を1分洗う

「湯シャン」でかゆみを防ぐ

▶ 敏感肌や乾燥肌におすすめの湯シャン

　シャンプーやトリートメントは一切使わずに、お湯のみで汚れを落とす「湯シャン」。「最近よく耳にするようになったけれど、きちんと汚れが落ちるのか心配」と思っている人も多いかと思います。

　湯シャンはだれにでもおすすめできるものではなく、頭皮の状態によっては向いていない人もいます。

　たとえば、毎日スタイリング剤を使う人は、シャンプーを使って頭皮を洗うほうがいいです。スプレーやワックスのようにキープ力が高いものは、シャンプーの洗浄力がないと、落としきれないからです。

　反対に、湯シャンが向いているのは、敏感肌や乾燥肌の人。**多くのシャンプーに含まれる界面活性剤や酸化防止剤、香料などの化学物質は、肌に合わないと頭皮のトラブルのもとになります。**シャンプーを使わなければ、頭皮への刺激を気にする必要がないので安心です。

　私のお客さまの中でも、湯シャンに切り替えたことで、かゆみやフケが減ったという人が多くいます。

　頭皮のトラブルがなくなれば、薄毛やフケの改善にもなりますよ。

▶ じっくり洗えばお湯だけでも汚れは落ちる

　湯シャンを始めるときは、完全に切り替えてしまうのではなく、徐々にシャンプーの回数を減らしていくといいでしょう。慣れないうちは、洗いが足りなくて、頭皮にベタつきやにおいが出ることがあるからです。

　湯シャンで汚れをしっかり落とすためには、次のふたつのポイントをおさえましょう。

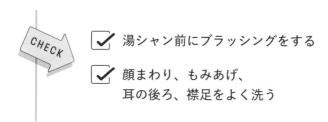

CHECK

☑ 湯シャン前にブラッシングをする

☑ 顔まわり、もみあげ、
　耳の後ろ、襟足をよく洗う

　髪を濡らす前にかならずブラッシングをして、頭皮や髪についた汚れを落としておきます。

　お湯の温度は、37℃前後のぬるま湯で。**髪全体を濡らしたら、指の腹で頭皮をもむようにしながら、じっくりと時間をかけて汚れを洗い流します。**洗い残しがちな、顔まわりやもみあげ、耳の後ろ、襟足は、意識をして洗うようにしましょう。

まとめ

ブラッシング後に、ぬるま湯で頭皮をじっくり洗う

シャンプーの泡立てで
ダメージレスに

▶ モコモコの弾力泡が髪を守る

　正しいシャンプーの方法を聞かれても、自信を持って答えられる人は少ないかと思います。あまり知られていませんが、髪をきれいに健康に保つには、シャンプーのしかたがとても重要なんです。

　シャンプー中の濡れた髪は、キューティクルが開いていて、ダメージを受けやすい状態。間違った方法でシャンプーを続けていると、髪を傷つけたり、乾燥を悪化させたりしてしまいます。

　シャンプーでもっとも大切なのが、泡立てです。**モコモコとした弾力のある泡は、髪同士を摩擦から守るクッションの役割をしてくれます。**

　正しく泡立てができていれば、泡が頭皮や髪の汚れを絡め取ってくれるので、ゴシゴシと強くこする必要もありません。

▶ 泡は毛先から中間に塗布してつくる

　モコモコの泡をつくるには、シャンプー前のブラッシングが大切です。髪についたスタイリング剤や目に見えない汚れは、ブラッシングである程度落とすことができます（p23）。それによって、シャンプーの泡立ちがよくなります。

　ブラッシングをしたら、根元や頭皮までしっかりと濡らし「予洗い」

をしましょう（p64）。水分が足りていないと、うまく泡立ちません。

　予洗いが終わったら、シャンプーをします。シャンプーの目安量は、ポンプで出すタイプなら、ショート 〜ミディアムで1プッシュ、ロングで2プッシュです。

　シャンプーを手になじませましたら、髪の毛先から中間に塗布して泡立てていきます。空気を含ませながら、やさしくやさしく。髪同士がこすれないように、シャンプーをもみ込むイメージで泡立てましょう。

　理想は、手の平を下に向けても落ちてこないくらいの固さです。シャバシャバの泡は、汚れが落ちにくく、摩擦も起きてしまうのでNG。泡立てるのがめんどうな人は、泡立てネットを使うといいでしょう。

　しっかりと泡立てたら泡を頭皮に移動させ、指の腹でマッサージをするようなイメージで、頭皮を洗っていきましょう。この手順でシャンプーをすると、髪を傷つけることなく汚れを落とすことができます。

{ シャンプーの泡立て方 }

POINT

髪の毛先から中間で泡立てる

空気を含ませながら、髪をもむようにしてやさしく泡立てる。

　まとめ

髪の毛先から中間で泡立てたシャンプーで頭皮を洗う

頭皮のデトックスで汚れとにおいを消す

▶ 悩みとサヨナラできるスペシャルケア

薄毛や白髪、頭皮のにおいやベタつきなど、髪や頭皮の悩みを挙げだすとキリがありません。本書でもさまざまな悩みの解決策を紹介してきましたが、ここでは、あらゆる悩みがいっぺんに解決できる、とっておきの方法を紹介します。

それが、自宅でできるヘッドスパです。ヘッドスパはお金を払ってサロンでするものですが、それに近いデトックス効果やリラックス効果が、自宅でもかんたんに得られます。

これをすれば、シャンプーでは落としきれない毛穴に詰まった汚れをオフして、頭皮を清潔にすることができます。マッサージも一緒に行うので、頭皮の血流もよくなります。

薄毛や白髪、頭皮のにおいの予防なども期待できますよ。

▶ オイルで汚れを浮かせてデトックス

ヘッドスパをする一番の目的は、頭皮にたまった汚れを落とすことです。そこで役立つのが、美容オイル。**頭皮の汚れのほとんどは油分なので、オイルを頭皮に塗れば汚れを浮かせることができます。**

オイルは特別なものではなく、顔やからだの保湿に使っているもので

〇Kです。

　代表的なオイルとその特徴を紹介するので、オイル選びの参考にしてみてください。

{ ヘッドスパにおすすめのオイル }

オイルの種類	特徴
ホホバオイル	保湿、クレンジング効果
スクワランオイル	高保湿、サラッとしたベタつかない質感
アルガンオイル	ターンオーバー促進、エイジング効果
アーモンドオイル	肌トラブルを防ぐ、こってりした質感

▶ 頭皮のにおいが消えるヘッドスパ

　ヘッドスパは、まずは週に1回のスペシャルケアとして取り入れてみてください。**夏場などの汗をかきやすいときや、頭皮のにおいが気になるときは、週2、3回と頻度を増やすといいですよ。**毎日行っても、問題はありません。

{ 自宅でできるヘッドスパ }

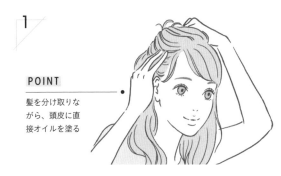

1

POINT
髪を分け取りながら、頭皮に直接オイルを塗る

指先にオイルをつけ、爪を立てないように気をつけながら、頭皮にオイルを塗る。小皿にオイルを入れておくと、いちいち容器から出さなくていいのでスムーズに行える。全体に塗り終わったら、オイルを浸透させるため3分間放置する。

毛先→中間→根元の順で、ブラシを使って
ブラッシングする。

顔まわりから襟足に向かって、頭皮全体
を大きくブラッシングする。これを2回行
う。ブラッシングによって、老廃物が流
れ、頭皮の血流がよくなる。

　ブラッシングをしたら、オイルのベタつきを取るために、シャンプー
を2回します。1回目のシャンプーは、泡立てをして、髪についたオイ
ルを軽く洗い流す程度に。2回目は、いつもどおりのシャンプー（p68）
をして、オイルで浮かせた頭皮の汚れを落とします。シャンプーのあと
は、普段使っているトリートメントで髪を保湿しましょう。

▶ ラクちん綿棒マッサージで血行促進

　時間があるときは、ブラッシングのあと、さらに頭皮マッサージを加
えると、ヘッドスパの効果が高まります。

　でも、頭皮にいいとわかっていても、疲れているときは、ちょっぴり
手間に感じてしまうこともありますよね。

　そんなときに使ってみてほしいのが、どのお家にも置いてある綿棒で
す。**綿棒の先を使えば、力を入れなくても頭皮を刺激することができる
ので、指や腕が疲れません。**

　マッサージの力加減が難しいと感じている人や、忙しくてマッサージ
が続かないという人は、指のかわりに綿棒を使ってみてください。

私が初めて試したときは、想像以上に気持ちよくておどろきました。

{ ラクちん綿棒マッサージ }

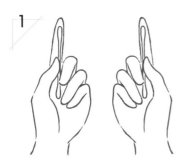

1

綿棒を両手に持ち、人差し指を先端にそえるように持つ。

2

顔まわりから襟足に向かって、綿棒の先で1分間頭皮を押す。「押したら離す」をくり返しながら、徐々に押す場所を変える。

　綿棒を使ったマッサージは、頭皮のツボをピンポイントで刺激できるので、効果が高い反面、疲れがたまっていると痛みを感じることもあります。

　痛いときは無理に何度も押さずに、数日に分けて少しずつ頭皮全体をマッサージしましょう。時間に余裕があれば、2、3回くり返してください。毎日続けると、頭皮の老廃物が流れ、頭皮の筋肉のこりがほぐれていくので、気持ちよく感じるようになります。

　ここで紹介した汚れ落としとマッサージをすれば、サロンのヘッドスパなしでも頭皮環境が整い、あらゆる髪の悩みの解決が期待できます。

まとめ

オイルを頭皮に塗り、ブラシと綿棒でマッサージする

マッサージで 髪のボリュームをダウン

▶ 広がるのはうるおい不足のせい

髪の量が多いと、セットをしても広がってしまうし、まとまらなくて困りますよね。「髪の量が多いから」と、あきらめている人もいるかもしれませんが、じつは髪がまとまらない原因は、量ではないんです。

髪の量が多い人は1本1本の髪が太く、そうでない人に比べひとつの毛穴から多く髪が生えています。それでも、髪にうるおいがあれば、全体のボリュームがおさえられて、まとまるものです。

反対に、髪が乾燥していたり硬かったりすると、どんなに大量のスタイリング剤をつけても、髪は広がってしまいます。

髪の乾燥や硬さが改善できれば、髪の量は減らなくても、まとまりやすくすることができます。

▶ 広がりは頭皮マッサージで解決

髪の硬さは、髪に含まれる水分と油分の量によって決まります。水分が少なく乾燥していると髪は広がりやすくなり、油分が少ないとゴワゴワと硬くなります。

これらを改善するには、頭皮マッサージが有効です。**マッサージで筋肉がほぐれて頭皮の血流がよくなると、髪の油分と水分のバランスが整**

い、髪がしっとりしてやわらかくなります。

　頭皮マッサージは、①耳の上、②前髪から頭頂部にかけて、③後頭部から頭頂部にかけて、の3か所に行います。

　耳の上には太い血管が通っているので、この部分の筋肉をしっかりとほぐしておくと、頭頂部にある毛細血管の血流もよくなります。やり方は52ページの頭皮マッサージと同じです。

　毎日このマッサージを続けると、徐々に髪の乾燥が改善され、髪の量が多くてもまとまりやすくなります。

▶ トリートメントで髪がやわらかに

　髪をやわらかくするには、保湿効果が高いクリームタイプの洗い流さないトリートメントを塗るのもいいです。クリームタイプには油分が多く含まれているので、なめらかな手触りになり、髪がしっとりします。

　とくに、「セラミド」や「コレステロール」「18-MEA（メチルエイコサン酸）」などの油性成分が配合されたものは、髪が乾燥した人や、硬い人に向いています。

　シャンプー後に洗い流さないトリートメントを塗っておけば、寝ぐせがつきにくく、朝のヘアセットもラクになりますよ。

まとめ

　頭皮マッサージで血流をよくし髪をやわらかくする

正しいトリートメントで
ツヤ髪を復活

▶ ダメージにはリンスよりトリートメント

たくさんの人が、髪のために洗い流すトリートメントを日々使っているかと思います。ただ、間違った方法だと、せっかくトリートメントを塗っても効果は半減。それどころか、髪を傷める原因にもなってしまうこともあるんです。

ここでは、正しいトリートメントの塗り方を説明していきます。

まず、トリートメントが、同じヘアケアアイテムであるリンスやコンディショナーとどう違うかについて説明します。

リンスやコンディショナーは、髪の表面をコーティングすることで指どおりをよくしたり、ツヤを与えたりするものです。**一方、トリートメントは、髪の内部まで浸透し、髪を内側から保湿してダメージを補修します。**

カラーやパーマを頻繁にする人やヘアアイロンを使う人は、髪の内部までダメージを受けているので、トリートメントでのケアが必要です。

▶ 水気をしぼるだけで効果アップ

トリートメントをするときのポイントは、次の3つです。正しくトリートメントをするだけで、髪がツヤツヤになりますよ。

CHECK

☑ シャンプー後に髪の水気をしぼる

☑ 目の粗いコームで髪全体に均等に塗る

☑ すすぎ残しがないようにていねいにすすぐ

トリートメントは、シャンプーをしっかりすすいでから塗らないと、髪に浸透しにくくなるので気をつけましょう。

シャンプーをすすいだら、髪をやさしくしぼり、髪に残った水気を取ります。このかんたんなひと手間をかけるのとかけないのとでは、トリートメントの効果は大違い。**髪がビシャビシャに濡れたままだと、トリートメントが水で薄まり、効果が減ってしまいます。**

髪に塗るトリートメントの量は、ショート〜ミディアムで500円玉1枚分、ロングや髪の量が多い人は500円玉2枚分くらいです。

両手になじませたら、髪の毛先から中間に塗ります。両手で髪を挟むようにして、内側と外側にムラのないよう塗りましょう。

手に余ったトリートメントは、頭頂部の髪の表面にも塗ります。たっぷりとつけてしまうと毛穴が詰まったり、頭皮がベタついたりして髪によくないので、少なめにつけるように意識するのがポイントです。

手でトリートメントをつけたあとは、髪全体に均等に行きわたるように目の粗いコームでとかします。目の細かいコームだと、髪とこすれ合ってキューティクルがはがれてしまうので注意してください。

とかすときは、コームを髪に対して斜めに入れるのはNG。髪に塗ったトリートメントがはがれてしまいます。コームを髪に対して垂直に入れ、毛先→中間→根元の順でやさしくとかします。

{ コームを使ったトリートメントのなじませ方 }

斜めにコームを入れると、トリートメントをはがしてしまうのでNG。

髪に垂直にコームを入れて、トリートメントをなじませる。

髪に塗ったあとは、内部までトリートメントが浸透するように5〜10分間放置します。

さらに浸透率を上げたい場合は、蒸しタオルで髪を包んでおきましょう。髪の温度が上がることで、トリートメントの浸透率が高くなるうえに、放置している間に湯船につかっても、トリートメントが垂れてこなくなります。

最後にトリートメントをすすぎます。顔まわりやもみあげ、耳の後ろ、襟足はすすぎ残しが多い部分なので、とくにていねいに流すようにしましょう。

すすぎ残しがあると、トリートメントが毛穴に詰まり、薄毛や抜け毛の原因になってしまいます。トリートメントのぬるぬるした感触がなくなり、しっとりした手触りになるまですすぎます。

▶ たった10秒！ 時短トリートメント

忙しくてトリートメントの放置時間が取れない人におすすめなのが、moremoの「ウォータートリートメントミラクル10」です。

一般的なトリートメントでは5〜10分かかる放置時間が、この商品だとたった10秒でOK。お風呂をサッと済ませたいときでも、髪の保湿ケアをすることができます。

ノンシリコンタイプなので頭皮にやさしく、敏感肌の人にも向いています。

ウォータータイプのトリートメントは、仕上がりが軽いのが特徴です。細毛や軟毛の人が重たいトリートメントを使うと、頭頂部のボリュームがなくなってしまいますが、これならボリュームが失われることなく、ふんわりとした仕上がりになりますよ。

まとめ

水気をしぼってコームでトリートメントをなじませる

トリートメントの効果は
「コーミング」でアップ

▶ 朝のボサボサ髪は夜のケアで改善

朝起きたら髪が広がっていて、おどろいたことはありませんか？

冷暖房をつけたまま寝る人や、寝返りが多い人の髪は、乾燥や摩擦で、寝ている間にもどんどん傷ついています。 すると、朝起きたときには髪はパサパサに。

その悩みは、前の晩の洗い流さないトリートメントで解決します。

▶ コームでていねいになじませる

トリートメントの効果を最大限に発揮させるためには、目の粗いコームを使うのがおすすめです。 手で何となくトリートメントを塗っているだけだと、塗り残しがあったり、髪の内側まで保湿成分が浸透しなかったりするんです。

コームを使って、トリートメントをていねいに髪になじませると、朝起きたときの状態が全然違いますよ。

これから説明する手順で、毎晩塗るようにしましょう。

❶ シャンプー後にタオルドライし、洗い流さないトリートメントを髪の中間から毛先になじませます。

❷　毛先→中間の順で、目の粗いコームでやさしくとかします。

❸　**ドライヤーで髪を8割ほど乾かしたら、洗い流さないトリートメントを毛先につけて、コームでとかします。**普段ヘアアイロンを使っている人は、毛先のダメージケアとして、トリートメントを重ねづけしましょう。

❹　再度、ドライヤーでしっかりと乾かします。

❺　クッションブラシで全体をブラッシングして、ドライヤーをかけながら絡まった髪をほどきます。

このあとすぐに寝る人は、ここまでのケアで完了です。

お風呂から出たあとに、数時間経ってから寝る人は、ベッドに行く直前に次のケアをプラスしましょう。

❶　ブラッシングをして、髪の絡まりをほどきます。

❷　寝ている間に髪の水分が蒸発するのを防ぐために、再度洗い流さないトリートメントを毛先に塗ります。

❸　跡がつかないように、太めのゴムで髪をゆるく結びます。髪が短い人はナイトキャップをかぶるのもいいです。髪を結んでおくと、寝具と髪の摩擦をおさえられます。

まとめ

乾かすときに、コームでトリートメントを均等に塗る

「カラーシャンプー」で
髪色をキープ

▶ 2週間で5割も色落ちするカラーリング

せっかく美容院でカラーリングをしても、染めたてのきれいな色は、なかなか長持ちしないですよね。

カラーリングで入れた色素は、2〜3週間で5割も落ちます。1〜1か月半で7割、2か月も経つと9割と、ほとんど落ちてしまいます。

色が落ちると、髪が黄ばんだり染めたてに比べて明るくなったりして、きれいな色は長続きしません。

そんな色の変化を防いでくれるのが、カラーシャンプーです。**いつも使っているシャンプーをカラーシャンプーに変えるだけで、染めたての色が長持ちします。**頻繁に美容院に行かなくても、きれいな色をキープできるので、髪への負担も少なくなります。

▶ くすみカラーを長持ちさせるには？

カラーシャンプーの普通のシャンプーとの違いは、染料が含まれていることです。カラー剤ほどの強い効果はありませんが、美容院で染めた髪にカラーシャンプーの色が重なることで、黄ばみや退色が防げます。

使い方は、いつもどおりの方法でシャンプーをしたら、髪をすすぐ前に数分間放置するだけです。放置時間は、各商品の説明書を確認してく

ださいね。

カラーシャンプーを使えば、とくに色落ちしやすいくすみカラーや、アッシュ系の絶妙な色みも、長く楽しめます。

染めた色によって使うべきカラーシャンプーの色は違うので、下の表を参考に選んでみてください。

{ カラーリングの色別・カラーシャンプーの種類 }

カラーリングの色	カラーシャンプーの種類
ハイトーン（黄みをおさえたい場合）	ムラサキシャンプー
アッシュ系	
レッドやピンク系	ピンクシャンプー
ブラウン系	ブラウンシャンプー

カラーシャンプーを使うほかにも、色落ちを防ぐ方法があります。

それは、髪を洗ったあとすぐにドライヤーで髪を乾かすことです。**色が落ちる一番の原因は、髪が濡れること。**毛髪の内側に入ったカラー剤の色素が水分と一緒に流れてしまいます。

お風呂から上がったら、真っ先に髪を乾かすようにしましょう。

まとめ

カラーシャンプーで髪を洗い、すぐに髪を乾かす

冷風でキューティクルを引き締め

▶ 天使の輪は自分でもつくれる！

美容院でドライヤーをかけてもらうと、スタイリング剤をつけていないのに髪がツヤツヤになって、きれいにまとまりますよね。

これから説明する方法なら、自分でドライヤーをかけても同じような仕上がりが再現できるんです。**天使の輪ができるくらい髪がツヤツヤになり、ヘアアイロンを使わなくてもまっすぐになります。**

以下にドライヤーをするときの3つのポイントを説明します。

- ✓ 乾きにくい根元から乾かす
- ✓ 広がりやすいところは風を上から下に当てる
- ✓ 仕上げに冷風を当てる

▶ 短時間でまとまるドライヤーテク

髪を濡れたまま放置すると、頭皮に雑菌が繁殖してにおいなどのトラブルのもとになったり、髪同士がこすれて傷んだりします。そのうえ、カラーリングの色落ちが早まります。お風呂から上がったら、❶〜❿の

手順ですぐに髪を乾かしましょう。

❶ タオルドライをして髪の水気を拭き取ります。ゴシゴシとこすらずに、タオルを頭にかぶせて髪の水分を吸い取るイメージで行います。

❷ 水滴が垂れてこない程度にタオルドライをしたら、目の粗いコームで毛先→中間→根元の順でとかします。

❸ 洗い流さないトリートメントを髪につけます（p80）。髪が広がりやすい人はオイルタイプ、髪が細くボリュームが出にくい人はミスト（ローション）タイプを使うのがおすすめです。

❹ 目の粗いコームでトリートメントを髪になじませます。

❺ 根元から毛先に向かって風を当て、前髪や顔まわりの髪を乾かします。ほかの部分よりも細く、くせがつきやすい部分なので、最初に乾かして、毛流れを整えておきます。

{ 割れない前髪の乾かし方 }

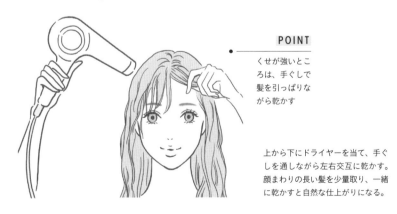

POINT

くせが強いところは、手ぐしで髪を引っぱりながら乾かす

上から下にドライヤーを当て、手ぐしを通しながら左右交互に乾かす。顔まわりの長い髪を少量取り、一緒に乾かすと自然な仕上がりになる。

❻ 後頭部の根元を乾かします。頭皮からしっかりと手ぐしを通して、髪の内側にもドライヤーの風を当てましょう。

❼ 襟足の根元を乾かします。風が当たりにくいので、首を傾けながら髪を前に持ってきてドライヤーをかけます。

{ 根元をすぐに乾かす方法 }

髪が多い後頭部は、内側まで風が当たるように手ぐしを通しながら乾かす。

風が届きにくい襟足は、首を傾けながら風を当てる。

❽ 毛先→中間の順でブラッシングします。毛先のみに洗い流さないトリートメントを塗ると、髪がまとまりやすくなります。

❾ 髪の中間から毛先を乾かします。毛先に手ぐしを通し、下方向に引っぱりながら、上から風を当てます。こうすると、くせが取れて髪がまっすぐになります。

❿ 全体のまとまりをよくするために、前からも後ろからも交互に風を当てます。髪が完全に乾くまで、これを何度か行います。最後に後ろから風を当てると、髪全体がまとまります。

{ まとまりがよくなる乾かし方 }

手ぐしを通しながら、髪をなびかせるイメージで、前からドライヤーを当てる。

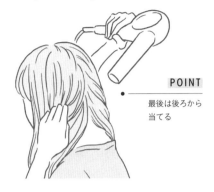

POINT

最後は後ろから当てる

後頭部の中央で髪をふたつに分けて、手ぐしを通しながら風を当てる。

▶ ツヤ髪のポイントは仕上げの冷風

ドライヤーは、髪を乾かして終わりではありません。ツヤツヤな髪にするには、仕上げに冷風を当てる必要があります。

冷風を当てると、キューティクルが引き締まるので、髪がツヤツヤになり、ボリュームがおさえられます。やり方は、先ほど説明した「まとまりがよくなる乾かし方」と同じです。

最後に冷風を当てるだけで、高価なトリートメントを使ったように髪がツヤツヤになります。

> **まとめ**
>
> 前髪→根元→中間から毛先の順で髪を乾かす
>
> 仕上げに冷風を当ててツヤを出す

ふんわり分け目をつくる
ドライヤーテク

▶ おしゃれのカギはトップのボリューム

　私のお客さまの中に、「自分で髪をセットすると、何だかおしゃれにならない」という人がいます。そんな人の髪は、分け目がぱっくりと割れていて、トップがぺたんとしてしまっています。

　毛先の巻き方やセットのやり方が同じでも、トップのボリュームがあるのとないのとでは、まったく違って見えます。でも、長年同じ分け目にしていると、くせがついて上手にボリュームを出せませんよね。

　しっかりついてしまったくせも、ドライヤーをかけるときに毎日分け目を変えることで解決できるんです。これから紹介する方法なら、トップにボリュームを持たせられ、セットもおしゃれに決まります。

▶ くせを取ってボリュームアップ

　何も考えずに髪を乾かすと、自然と同じ位置で分け目ができてしまいます。分け目を変えるには、**分け目をぼかすようにシャカシャカと手ぐしを通しながら乾かします。**

　髪は乾くときに跡がつくので、髪が完全に乾く前に分け目にドライヤーを当ててください。すると、分け目のくせが取れて、髪が左右どちらにも倒れるようになり、分け目を自由に変えられます。

くせが取れたら、分け目を変えて髪を乾かします。

これを毎日くり返すうちに、もとの分け目のくせが取れて、トップに
ふんわりとしたボリュームが出ます。

{ トップのボリュームを出す分け目の乾かし方 }

POINT

左右交互にドライ
ヤーの風を当てる

頭皮に指を当て、分け目を
こすりながら髪を乾かす。

朝起きたときに、分け目がぱっくりと割れて、トップがぺたんとなっ
ている場合には、**分け目の根元を水で濡らし、同じように手ぐしを通し
ながらドライヤーで乾かします。**

すると、いつもと同じヘアセットでも、頭のシルエットがきれいにな
り、グンとおしゃれな仕上がりになります。

1分もかからないかんたんな方法なので、ぜひ試してみてください。

まとめ

分け目をこすりながら乾かし、くせを取る

Q どんなシャンプー

A 髪や頭皮の状態に 合ったものを選ぼう

低刺激なアミノ酸系がおすすめ

シャンプーに正しいしかたがあるように、シャンプーそのものにも髪のために使ってほしいものがあります。選ぶときに見てほしいのは、なるべく低刺激で、自分の髪質に合った成分が含まれているかどうかです。

シャンプーには、汚れを落とすための洗浄成分が含まれています。髪や頭皮にやさしい洗浄成分は、アミノ酸系です。

アミノ酸は、髪の主成分であるタンパク質のもとになるもので、刺激が少ないのが特徴。アミノ酸系シャンプーなら、**必要な皮脂を残し、頭皮や髪の乾燥を防ぎながら汚れを落としてくれます。**

けれども、洗浄力がやや弱いというデメリットもあります。毎日スタイリング剤を使っている人は、シャンプー前のブラッシング（p23）と予洗い（p64）をしっかり行い、泡立てネットでモコモコの泡をつくってからシャンプーしましょう。

が髪にいいの？

アミノ酸系のシャンプーかどうかは、成分表をチェックすればわかります。「ラウロイルグルタミン酸Na」のように名前に「グルタミン酸」と入った成分や、「アラニン」「グリシン」と入った成分などが、アミノ酸系です。

成分表は、配合量が多い順に記載されるので、「水」の次にこれらの成分が記載されているものを選びましょう。

敏感肌の人はノンシリコン

シャンプーを選ぶときには、「シリコン」という髪をサラサラにするコンディショニング成分が入っているかどうかもチェックしてみましょう。

シリコン入りのシャンプーは、しっとりした仕上がりになるので、**ブリーチを頻繁にするダメージ毛の人や、髪が多くてまとまりにくい人におすすめです。** 代表的なシリコンの成分は、「ジメチコン」や「ジメチコノール」「シクロペンタシロキサン」などです。

でも、シリコンは敏感肌の人には刺激になる場合があります。**フケやかゆみに悩む人や髪のボリュームを出したい人は、シリコンが入っていないシャンプーを使いましょう。**

シャンプーのしかたと合わせて、自分の髪質に合ったシャンプー選びにも気をつけてみてくださいね。

PART

3

お出かけ前の1分で
あらゆるトラブルを解決

「時間がないのに、寝ぐせが全然直らない！」

「雨だから、外出中に髪がうねうねになっちゃう」——。

ヘアスタイルが決まらないと、

あせったり憂鬱になったりしますよね。

パート3では、寝ぐせやぱっくりと割れた前髪の直し方、

雨の日でもくずれないセット方法、

トップにボリュームを持たせるやり方などを紹介。

忙しい朝でもささっとできるものばかりです。

レンチン蒸しタオルで 寝ぐせ直し

▶ 忙しい朝は蒸しタオルで時短

　何かとやることが多い忙しい朝は、寝ぐせ直しばかりに時間をかけられません。だからといって、ボサボサのままでは家を出られないし、少しでも早く寝ぐせ直しができたらうれしいですよね。

　そんな人におすすめなのが、蒸しタオルを使う方法です。メイクや朝食など、ほかのことをしながら効率よく寝ぐせを直せるので、ヘアアレンジにも時間をかけられますよ。

▶ トリートメントで髪にツヤをプラス

　蒸しタオルを使う前に、毛先→中間→根元の順でブラッシングをし、寝ている間に絡まった髪をほどいておきます。

　フェイスタオルを水で濡らし、水が垂れてこない程度にしぼったら、これを電子レンジで1分間温めます。

　蒸しタオルをつくっている間に、洗顔や歯みがきを済ませれば、時間がムダになりませんよ。

　寝ぐせは、根元を濡らすことでくせが取れるので、**できた蒸しタオルで頭をおおい、根元がしっとりするまで数分間置きましょう。**その間に、スキンケアやメイクをして、出かける準備を進めていきます。

{ 蒸しタオルで寝ぐせ直し }

蒸しタオルで頭全体をおおい、根元がしっとりするまで数分間放置する。

毛先にも寝ぐせが強くついているときは、蒸しタオルで髪全体を包む。

　根元がしっとりしたら、髪の中間から毛先に洗い流さないトリートメントを塗ります。**量は少なめでOK。**なじませるために、毛先→中間の順に、ブラシでとかします。

　最後に、ドライヤーで乾かします。寝ぐせを伸ばすように毛先を引っぱり、上から下に向かってドライヤーの風を当てます。半乾きの状態だとくせが戻ってしまうので、しっかりと乾かしましょう。

　仕上げに冷風を当てるとキューティクルが引き締まり、ヘアセットをしていなくても、髪がツヤツヤになります（p84）。

まとめ

蒸しタオルで濡らして毛先を引っぱりながら乾かす

ベビーパウダーで
前髪のうねりを防止

▶ 湿気で髪がうねらないコツ

　くせ毛の人にとって、湿気や汗は大敵です。**セットをしても、髪は水分を含むともとの形に戻ってしまいます。**だから、せっかくセットをした前髪もくずれてしまうんです。

　でも、これから説明する方法でセットすれば、セットしたての前髪が一日中キープできます。雨の日や暑い日も安心ですよ。まず、次の手順で準備をします。

❶　前髪の根元を水で濡らします。
❷　頭皮に指を当ててこすりながら、上からドライヤーで乾かします
　　（p89）。
❸　目の細かいコームで前髪をとかします。

　このあとヘアアイロンを使い、ふんわりとした前髪をつくります。**前髪と額の間にすき間があれば、汗をかいても前髪が濡れないので、くずれにくくなります。**

　ヘアアイロンの温度は130℃前後がベストです。温度が高すぎると、きれいなカールがつくれません。

{ くずれないふんわり前髪のつくり方 }

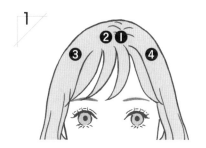

1

ヘアアイロンを130℃に温めておく。適当な位置で前髪を分け、量が多いほうをさらに３束に分ける。

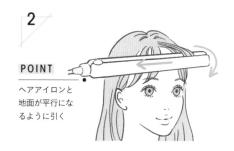

2

POINT

ヘアアイロンと
地面が平行にな
るように引く

❶の毛束を地面に平行になるように持ち上げ、根元から大きな円を描くように毛先に向かってヘアアイロンを通す。ヘアアイロンを抜くときは、流したい方向に真横に引く。

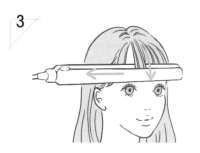

3

❷の毛束を❶よりも角度を下げて持ち上げ、サッとヘアアイロンを通して真横に引く。熱が冷める前に毛先を指でつまんで、形を微調整する。

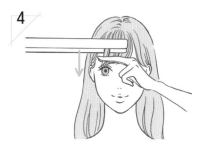

4

根元を浮かせないように❸の毛束を持ち、毛先へヘアアイロンを通す。

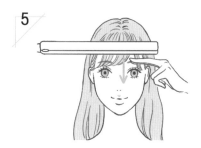

5

❹の毛束も❸の毛束と同様に、根元を浮かせないようにサッとヘアアイロンを通す。

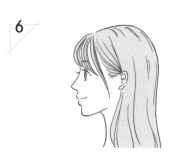

6

横から見たときに、前髪と額の間にふんわりとすき間ができているかチェックする。

セットした前髪をキープするために、次の手順でスタイリング剤をつけます。スタイリング剤は、乾燥しやすい人はオイル、ベタつきやすい人は軽めのワックスがおすすめです。

❶　前髪にほんの少量スタイリング剤をつけます。つけすぎると、ふんわりと巻いた前髪がつぶれるので気をつけましょう。

❷　目の細かいコームで前髪をとかして、毛先の向きをそろえたら完成です。

▶ 雨でもくずれにくいふたつの裏ワザ

　雨の日や長時間外出する日は、キープ力を高めるためにヘアスプレーをかけます。**髪から20cmほど離して根元にだけかければ、**前髪がパリパリにならずに、根元のくせも出にくくなります。

　目の細かいコームを使って、前髪の内側にヘアスプレーをつけると、額の汗や皮脂から守れます。

{　前髪をガードするヘアスプレーのつけ方　}

コームにヘアスプレーをかける。

前髪の裏からコームを通して、ヘアスプレーをなでつける。

額がベタつきやすい人は、前髪の裏にベビーパウダーをつけると、前髪がぺたんとなりません。

ベビーパウダーが皮脂や汗を吸収し、前髪をサラサラに仕上げてくれるので、湿気に強くくずれにくくなります。**外出中に汗をたくさんかいてしまっても、ベビーパウダーを額と前髪の根元に少量つければ、サラサラの前髪が復活します。**前髪のお直しのために、ベビーパウダーはポーチに入れておくといいですよ。

これらの方法で前髪をセットすれば、うねらない前髪を一日中キープできます。

雨や暑い日のうねうねとした前髪に悩んでいた人は、かんたんな方法なので、明日からやってみてくださいね。

{　前髪をサラッとさせるベビーパウダーのつけ方　}

POINT!
白浮きしないように少しずつ塗る

ベビーパウダーをパフになじませ、前髪の裏に少量つける。

まとめ

前髪は、額と空間ができるようにセットする

ヘアスプレーやベビーパウダーを前髪の内側につける

ドライヤーで
ぱっくり前髪を修正

▶ 割れなくなるドライヤー術

朝起きたら前髪がぱっくりと割れていること、ありませんか？　ガンコなくせは、ヘアアイロンやブラッシングだけでは直せません。

根元を水で濡らしてくせを取ってから、正しい方法でドライヤーをかけましょう。 これで、どんなにひどいぱっくり割れも直せます。

▶ ドライヤーの風は上から下へ

ぱっくり前髪は、まず次の手順で直していきます。

❶ 前髪の根元を水で濡らします。割れている部分や、くせが強い部分の根元は、とくによく濡らしましょう。

❷ コームのテールで頭皮を左右にジグザグとこすりながらとかし、割れ目をぼかします。コームがなければ、ブラシや手ぐしで頭皮をこするのでも○Kです。

このあと、**前髪が広がらないよう、ドライヤーを上から下にかけて直します。** ドライヤーの風量は、できれば中間の強さにしましょう。

{ ぱっくり前髪の直し方 }

1

指でジグザグと割れ目の部分の頭皮をこすりながら、上からドライヤーをかける。

2

くせを取るために、左右交互に風を当てる。このときも、頭皮を指でこすりながら乾かす。

3

割れやすい部分は、毛先を下に引っぱりながらピンポイントで乾かす。こうすると、日中に前髪が割れるのを防げる。

4

POINT
下を向きながら
風を当てる

両サイドの前髪を、流したい方向と逆へ引っぱり、つぶしながら乾かす。

5

ある程度乾いたら、流したい分け目と逆方向に風を当てる。こうすると、前髪がふんわりする。

6

流したい方向に毛先をカールさせながらドライヤーをかける。

まとめ

濡らした割れ目をコームや指でこすりドライヤーをかける

カーラーで
かんたん前髪セット

▶ 100円で失敗知らずの前髪に

　前髪は、セットの具合で、その日の気分を変える大事なパーツ。それなのに、時間がない朝に限って失敗してしまうこと、ありませんか？

　急いでいても失敗しない、前髪セットの強い味方がカーラーです。使い方がかんたんなうえに、ヘアアイロンのように熱を使わないので、慌てて額を火傷してしまうこともありません。

　前髪を巻き、そのまま放置するだけで跡がつくので、その間に出かける準備が進められて、時短にもなります。カーラーは100円ショップでも買えるので、ぜひチャレンジしてみてください。

▶ 傷まないふんわり前髪のつくり方

　カーラーには、さまざまな太さのものがあります。おすすめは、前髪の長さの3分の1くらいのものです。

　カーラーは熱を通さない分髪を傷めませんが、ヘアアイロンでつくったものと比べると長持ちしません。**細めのカーラーで巻いておくほうが、根元のふんわり感は長持ちします。**

　ヘアアイロンよりもゆるやかなカールがつくので、ナチュラルな雰囲気が好きな人にも向いていますよ。

カーラーを使った前髪セットは、これから説明する手順で行います。

ヘアアイロンが使いこなせなくて前髪のセットが苦手だった人でも、

カーラーを使えば克服できちゃいます。

{ カーラーを使った時短前髪セット }

1

適当な位置で前髪を分けたら、中央の髪を
すくい、流したい方向と逆に髪を引っぱ
る。カーラーを根元に沿わせ、そのままの
角度で毛先へ滑らせる。

2

指で毛先をカーラーに入れ込み、引っぱり
ながらくるくると根元まで巻く。引っぱり
ながら巻くと、カールがつきやすい。

3

巻いたら10分間放置する。この間に、朝
食やメイクなどができる。

4

カーラーを外し、カールをつぶさないよう
に目の細かいコームでやさしくとかす。

まとめ

カーラーを巻いて10分間待ち、コームでとかす

くずれにくい前髪を
つくるテクニック

▶ もうくずれない！　前髪キープのポイント

　デートのような大事なイベントの日は、絶対にくずしたくない前髪。でも、湿気が多い日はうねうねするし、汗をかけばベタつくし、一日中きれいな状態をキープするのは無理だと思いませんか？

　そんな人に、どんなときでも前髪が長持ちする方法を紹介します。この方法は、どんな髪質の人にも効果的。ポイントは次の3つです。

CHECK

- ☑ セットの前にベーススプレーをつける
- ☑ 前髪を上下に分けて、ヘアアイロンの熱を均等に通す
- ☑ 前髪の根元にハードスプレーをかける

　前髪をセットする前に、次の❶〜❸の手順で前髪についたくせを取っておきましょう。

❶　前髪の根元をよく濡らします。
❷　頭皮を指でこすりながらドライヤーで乾かします。分け目のくせを取るために、左右交互に風を当てましょう（p85）。
❸　目の細かいコームで前髪をとかします。

▶ ベーススプレーでロングキープ

　セットした前髪を長持ちさせるためには、ヘアアイロンで前髪を巻く前に、ベーススプレーをつけるのが重要です。

　ベーススプレーは、髪をセットする前の下地のようなもの。つけるだけで湿気や汗に強くなったり、カールがつきやすくなったりします。

　ヘアアイロンの熱から髪を保護する効果もあるので、前髪だけでなく、髪全体に使うのがおすすめです。

　ベーススプレーは、前髪の表面と内側につけます。前髪全体に均等につくように、10cmほど離した位置から吹きかけてください。近すぎると、一部だけにスプレーがかかり、パリパリに固まってしまうので気をつけましょう。

▶ 上下に分けてカール長持ち

　前髪は、額の汗に触れる内側からくずれます。そのため、**前髪を上下に分け取り、ヘアクリップで留めて前髪の量を減らしてからヘアアイロンでカールをつけていきます。**すると、内側の髪にもしっかり熱が通るので、カールが取れにくくなります。

　前髪を重めにつくっている人も、この方法で前髪を巻くとセットがうまくできますよ。

　ヘアアイロンの温度は130℃前後に設定します。温度が高すぎると、跡がつきすぎたり、髪が傷んだりしてしまいます。

{ くずれにくい前髪の巻き方 }

1

ヘアアイロンを130℃に設定し温めておく。前髪を上下に分け取り、上の髪をヘアクリップで留める。

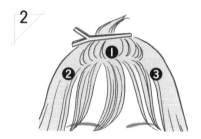

2

下の前髪を、3つに分ける。

3

POINT
手首を返さずに、真下に抜く

❶の毛束を取り、額から指2本分の角度まで持ち上げ、根元から大きな円を描くようにヘアアイロンを通す。熱が冷める前に、毛束を整える。

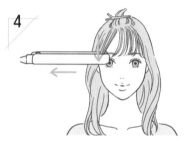

4

❷の毛束を根元を浮かせないように持ち上げ、ヘアアイロンをサッと通す。このとき、流したい方向の真横に抜く。

5

❸の毛束も❷の毛束と同様に、根元を浮かせないようにヘアアイロンをサッと通す。このとき、流したい方向の真横に抜く。

6

分け取っておいた上の髪を下ろし、目の細かいコームでとかしたあと、❶の毛束と同様に巻く。

巻いたら、うねりや広がりを防ぐために毛先を中心にヘアオイルを少量塗ります。うねりやすい顔の両サイドの髪も忘れずに。その後、前髪全体をコームでとかして整えます。

▶ ハードスプレーは根元だけ

オイルを塗ったあと、ハードスプレーをつけてキープ力をさらにアップさせます。根元の三角ゾーンにだけかければ、前髪全体がパリパリになることはありません。

毛先につかないように片手でおおいながら、20cmほど離した位置から１秒間スプレーします。ハードスプレーは、軽くつけるだけでも効果が高いので、つけるのは少しの時間でだいじょうぶです。

このように前髪をセットすれば、どんなときでもくずれませんよ。

{ ハードスプレーのかけ方 }

毛先を手でおおって、
20cmほど離してかける。

まとめ

ベーススプレーをつけ、上下に分けてセットする

ハードスプレーを根元のみにつける

濡らして
ぱっくりつむじを解消

▶ ドライヤーで絶壁をカバー

渦巻きのようになっているつむじは、ぱっくりと割れやすく、ここが割れていると頭の形がきれいに見えません。

ブラッシングしてもスタイリング剤をつけても、割れが直らずボリュームが出にくいという人は、**つむじを水で濡らし、これから説明するドライヤーのテクニックを試してみましょう。**

つむじの割れがなくなれば、横から見たときの頭の形もきれいになり、絶壁や薄毛もカバーできます。

▶ 根元が立ち上がるドライヤーテク

つむじの割れを直すためには、髪を濡らし、コーミングで毛流れを直してから乾かします。まずは❶〜❸の手順で割れ目をぼかしましょう。

❶ 手ぐしで頭皮をこすりながら、つむじのまわりを水で濡らします。少し広めに濡らすとぱっくり割れがなくなります。

❷ 目の粗いコームで、つむじの上をジグザグにとかします。

❸ コームで、つむじの上でクロスさせるように、右からも左からもとかして、割れ目をさらにぼかします。

ここから髪を乾かしていきます。**頭皮を指でこすりながら、左右から風を当てることが、つむじ割れを直すポイント。**毎日この乾かし方をすると、根元が立ち上がりやすくなり、つむじが割れにくくなります。

{ つむじ割れを直す乾かし方 }

1

つむじのまわりを手ぐしでこすりながら、左右交互にドライヤーの風を当てる。

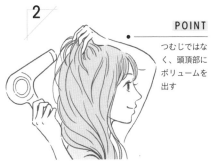

2

POINT
つむじではなく、頭頂部にボリュームを出す

ふんわりさせるように頭頂部の髪を持ち、ドライヤーを当てる。こうするとボリュームが出て、頭の形がきれいに見える。

この方法は、円形脱毛症のように、すぐには治せない脱毛や薄毛に悩んでいる人にも向いています。ふくらみがあれば、脱毛したところが目立ちにくくなるからです。

1分もかからずにできるのに、ボリュームが出て毛量が多く見えるので、ぜひ試してみましょう。

まとめ

つむじまわりを濡らし、頭皮をこすりながら乾かす

ドライヤーで 跳ねやすい髪を修正

▶ 跳ねるのは毛流れが原因

　髪が肩につくくらいの長さになると、毛先が跳ねやすくなりますよね。跳ねた毛先をそのままヘアアイロンで伸ばしても、時間が経つともとに戻ってしまいます。

　毛先の跳ねは、その人がもともと持っている毛流れが原因なんです。髪は、すべて下向きに生えているのではなく、部分的に違う向きで生えています。

　左側は跳ねないのに、右側の髪ばかりがいつも跳ねてしまうという人がいるように、跳ね方に左右差があるのもこれが理由です。

　毛先の跳ねを改善するには、自分の毛流れの特徴を知り、生えぐせを修正するようにドライヤーをかけるといいです。

▶ 毛流れを変えるにはドライヤーが効果的

　毛流れを知るために、何もしていない状態の毛先が、左右どちらに跳ねやすいかを確認しましょう。

　自分のくせがわかったら、**次の手順で毛流れに逆らうようにドライヤーを当てていきます。**

❶　髪を分け取りながら、つむじや全体の根元を濡らします。

❷　毛流れに逆らうようにドライヤーの風を当てて乾かします。ブラシを髪の中間に通し、毛流れを調節しながら、上から下にドライヤーを当てます。

{ 毛流れを修正するドライヤーのかけ方 }

内側に跳ねやすい場合は、内から外に風を
当て、毛流れが外側に向くように乾かす。

外側に跳ねやすい場合は、外から内に風を
当て、毛流れが内側に向くように乾かす。

　このようにブローをすれば、もとの毛流れのくせが取れ、毛先が跳ねにくくなります。毛先の向きが整えば髪にまとまりが出るので、このあとにサッとスタイリング剤をつけるだけで、ヘアセットが完成します。

　跳ねやすい伸ばしかけの長さの人や、肩につくくらいのロングボブを楽しみたい人は、この方法で毛先の跳ねを取ってみてくださいね。

まとめ

ブラシを通しながら毛流れに逆らって乾かす

飛び出たあほ毛を
スタイリング剤でリセット

▶ 生えかけの髪があほ毛に

ピンピンと飛び出す"あほ毛"。ヘアセットをしても、あほ毛が出ているだけでボサボサに見えてしまいますよね。

あほ毛には3パターンあります。

ひとつ目は、生えかけの短い髪。ふたつ目は、カラーリングや紫外線などのダメージで切れてしまった切れ毛。3つ目は、うねって生えたくせ毛が、ほかの髪となじまず飛び出している状態です。

切れ毛は毎日のケアで解決できますが、生えかけの髪やくせ毛を直すのは難しいです。

そんな場合には、**あほ毛をおさえるスタイリング剤を使い、うまくつき合っていく必要があります。**

▶ 瞬時におさえるスタイリング剤

あほ毛をおさえるために、頭頂部にオイルやワックスなどのスタイリング剤をつけると、トップにボリュームがなくなったり、時間とともにベタついてきたりします。頭皮にスタイリング剤がつくと、毛穴詰まりのもとになるので、それも心配です。

そんな悩みを解決してくれるのが、マスカラ型のスタイリング剤で

す。見た目は、まさにまつ毛に塗るマスカラと同じですが、マスカラに比べて、先端のブラシが髪に塗りやすいように大きめになっています。

あほ毛が気になる部分になでつけるだけで、飛び出していた髪が一瞬でおさまります。

{ あほ毛をおさえるスタイリング剤のつけ方 }

POINT

トップのボリュームをつぶさないようにやさしく塗る

あほ毛が気になる部分に、なでつけながらとかす。

マスカラ型のスタイリング剤は、外出中の髪のお直しにも使えます。ポニーテールのようなまとめ髪をしたときに、だんだんくずれてきて、パラパラと髪が落ちてくることはよくあると思います。

そんなとき、落ちてきた髪をサッとなでるだけで、ヘアアレンジをやり直さなくても、髪がまとまります。

私が愛用しているのは、エルジューダの「ポイントケアスティック」。ベタつきやテカリもなく、自然にあほ毛をおさえてくれますよ。

まとめ

マスカラ型のスタイリング剤をあほ毛になでつけてとかす

ぺたんこ髪をコームで
ふんわりトップに

▶ ぺたんこトップはコームで解決

　トップにボリュームがあれば、おしゃれに見えたり、若々しく見えたりします。縦の長さが強調されるので、顔の輪郭がシャープに見えるメリットもあるんです。

　けれども、寝起きに頭頂部を見てみると、ぺたんとなっていることが多いですよね。髪が長い場合は、毛先の重みでトップの髪が引っぱられてしまうので、なおさらです。

　そんな悩みは、コームを使って分け目を変えるだけで解決します。

　1分もかからずにできるとてもかんたんな方法なので、忙しい朝にもおすすめです。

▶ ふんわりする分け方2パターン

　トップにボリュームを出すには、コームのテールを使います。**テールの先端で分け目を変えると、ボリュームが出るだけでなく、分け目が目立ちにくくなります。**

　ここでは、分け目の変え方を2パターン紹介。ヘアセットをする時間がないときでも、根元が立ち上がるだけで、動きが出ておしゃれに見えますよ。

{ ふんわり分け目のつけ方 }

1

分け目から横に3㎜ずらしたところにテールの先端を当て、頭皮をなぞりながら毛束をすくう。

2

すくった毛束を反対側に持っていき、下ろしている髪となじませる。

{ ギザギザ分け目のつけ方 }

1

分け目の上にテールの先を当て、頭皮をギザギザとなぞる。

2

ギザギザに分けた髪を両側に分け取り、下ろしている髪となじませる。

　このように分け目を変えるだけで、根元が立ち上がり、ぺたんとなっていたトップがふんわりします。

　あほ毛が出てきた場合は、専用のスタイリング剤を使って、飛び出した髪をおさえましょう（p113）。トップをつぶさないように、やさしくなでつけながら塗るのがポイントです。

　このままでも充分おしゃれに見えますが、このあとに髪を巻いたり、

ポニーテールのようなヘアアレンジをしたりするのもいいでしょう。**頭のシルエットがきれいになり、かんたんなヘアアレンジでもあか抜けて見えます。**

　もとの分け目がかくれてトップの毛量が多く見えるので、分け目の部分が薄くなり悩んでいる人にもおすすめの方法です。

　一瞬でできるのに、印象がおしゃれに変わりますよ。

▶ カーラーでボリューム長持ち

　トップのボリュームを出すには、カーラーを使うやり方もあります。**カーラーでふんわりした根元の立ち上がりをつくり、ドライヤーの熱で温めると長持ちします。**

　カーラーの太さは、出したいボリュームの高さに合わせて選んでください。丸顔やベース型の輪郭の人は、太めのカーラーを選ぶと縦の長さが出て小顔に見えます。

{ 長持ちするカーラーの巻き方 }

POINT
テールの先端で頭皮をなぞりながら髪を分け取る

頭頂部の髪をコームで後ろへとかし、前髪から3cmくらい後ろで横に髪を分け取る。

分け取った毛束を斜めに引き出し、毛先にカーラーを巻きつけて、根元までくるくると巻いていく。

3

ヘアクリップでカーラーを挟み、頭皮に固定させる。

4

後ろの髪も同様の方法で巻く。

5

POINT
ドライヤーは中間の風量を使う

それぞれのカーラーの穴にドライヤーの風を当て、髪にくせをつける。こうすると、ボリュームが長持ちする。

6

カーラーの熱が冷めるまで放置したら、外す。冷ます間に、髪を巻くなどのヘアアレンジをすると、時間を有効に使える。

　カーラーを使う方法は、コームで分け目を変える方法よりも時間はかかってしまいますが、**太めのカーラーを使うことでトップに高さが出せます。**はなやかな髪型にしたい日におすすめの方法です。

　どちらもかんたんなので、気分によって使い分けてくださいね。

まとめ

コームのテールで分け目を変える
....
カーラーを巻き、ドライヤーの熱でくせをつける

頭皮ダメージゼロの
白髪かくし術

▶ アイテムでかんたんバレない白髪かくし

　美容院でカラーリングをしてから2週間くらい経つと、根元の白髪が気になり始めますよね。目立ちやすい頭頂部や顔まわりに白髪があると、鏡を見るたびに意識してしまいます。

　だからといって、美容院に頻繁に通うのはお金がかかるし、市販のカラー剤を使って自分で染めると、頭皮や髪が傷んでしまうことも……。

　でも、頭皮や髪を傷めることなく、白髪をかくしてくれる画期的なアイテムがあります。それが、スティック状の白髪かくしです。

　先端についたブラシで、白髪や伸びてきた根元に一時的に色をつけカバーしてくれます。近くで見てもわからないくらい、仕上がりが自然です。

▶ とかすだけで髪色が均一に

　白髪かくしのアイテムといえば、マスカラ型や練り状のファンデーションタイプがメジャー。でも、どれも使い方が難しく、頭皮に色がついてしまったり、広範囲に塗るときに時間がかかったりします。

　先端にブラシがついたスティック状の白髪かくしなら、**根元をサッとブラシでとかすだけで、かんたんに白髪をかくすことができます。**

　しかも、シャンプーですぐに落とせます。

｛ 白髪をかくすブラシの塗り方 ｝

白髪が気になる根元にブラシを当て、
とかしながら色をつける。

　スティック状の白髪かくしを使えば、お出かけ前のたった1分で、白髪をカバーできます。

　運動をしてたくさん汗をかいたり、海やプールなどで濡れたりするとにじんでしまいますが、日常生活であれば色落ちの心配もありません。

　私が使っているのは、アリミノの「ポイントコンシーラー」。3色あるので、自分の髪色に合わせて選べます。

　ブラシの形が頭のカーブにフィットし、頭皮に色がつかないので、急いでいるときにもおすすめです。

まとめ

白髪かくしのブラシを根元に当ててとかし、色をつける

パウダーで生え際の "M字はげ"をかくす

▶ 密度がアップしたように見せるパウダー

　額の生え際やサイドが薄い"M字はげ"は、女性にも多い悩みです。生え際にすき間があるだけで、老けて見えてしまいます。

　M字はげが気になって、ポニーテールやおだんごのような、アップヘアにする勇気がないという人もいるのではないでしょうか?

　そんな人に使ってほしいのが、薄毛かくしパウダーです。**髪の色に近いパウダーを気になるところに塗るだけで、髪と髪のすき間が埋まり、密度がアップしたように見えるのです。**

　生え際に影ができることで額がせまく見え、小顔効果もあります。これさえあれば、どんなヘアアレンジをしても薄毛が気になりません。

▶ 生え際にポンポンするだけ

　パウダーは、小さめのファンデーションのような形をしています。肌なじみがよく、近くで見ても塗っていることがわからないくらいナチュラルです。

　使い方は、付属のパフを使い、薄毛が気になるところに塗るだけです。**スタンプを押すようなイメージで、ポンポンと生え際ギリギリに塗ります。**こんなにかんたんですぐできるのに、本当に髪が生えているみ

たいに見えます。

　落とすときはメイク落としと一緒に、顔用のクレンジングを使えば
OKです。

{ M字はげをかくすパウダーの塗り方 }

POINT
生え際ギリギリに
塗る

生え際にポンポンとパウ
ダーを塗る。少量ずつ重ね
ていくと、色の濃さを調節
できて、自然に仕上がる。

　薄毛は、頭皮マッサージやサプリメントでも少しずつ改善できます。
でも、今すぐに薄毛を何とかしたいというときは、このようなアイテム
が便利です。

　私が使っているのは、Fujikoの「フジコdekoシャドウ」です。たい
ていの髪色になじむ絶妙なブラウンなので、カラーリングを変えても使
い続けることができます。汗や皮脂に強く、額の生え際に塗ってもにじ
みにくいですよ。

まとめ

生え際ギリギリにポンポンとパウダーを塗る

雨にも負けない
３ステップコーティング

▶ スタイリング剤で湿気を吸わない髪に

ヘアアイロンでセットをしても、雨だとすぐにカールが取れてしまいますよね。

ヘアアイロンの熱によって、髪がカールしたりまっすぐになったりするのは、髪内部の水分が蒸発して水素結合が起こるからです。でも、雨の日は湿気が多いので、髪が水分を吸収して水素結合が切れます。

すると、ヘアアイロンでつけたカールが取れたり、伸ばす前のくせが出てきてうねったりします。

カラーリングやパーマで髪がダメージを受けている場合は、つねにキューティクルが開いているので、余計に水分を吸収してしまいます。

ヘアアイロンでセットしたスタイルを長持ちさせるためには、髪が水分を吸収しないように、**スタイリング剤でコーティングすることが大切です。**

これから説明する手順でヘアセットをすれば、雨の日でも髪型が長持ちしますよ。

▶ 長持ちのヒケツは"3層コーティング"

ヘアアイロンを使う前には、髪を濡らしてくせを取り、洗い流さないトリートメントを塗ってコーティングします。

トリートメントを塗ってキューティクルが整えば、髪が水分を吸収しにくくなり、結果としてセットした髪がくずれにくくなります。

セットする前に、次の❶〜❺の手順でくせを取りましょう。

❶　髪の中間から毛先を水で濡らします。

❷　濡らした部分に洗い流さないトリートメントを塗ります。髪を両手で挟んで、忘れがちな内側にもムラなく塗りましょう。

❸　目の粗いコームで髪をやさしくとかします。

❹　毛先に手ぐしを通し、下方向に引っぱりながら、上からドライヤーの風を当てて乾かします。

❺　8〜9割乾いたところで、ブラシを使って髪の中間→毛先の順でとかして、くせを伸ばしながら、完全に乾かします。

{ くせが伸びる乾かし方 }

くせを伸ばすように
引っぱりながら、ドラ
イヤーを当てる。

くせが取れたら、ヘアアイロンで髪をセットします。**ヘアクリップで**
ブロッキングをしてからヘアアイロンを使うと、髪全体にムラなく熱が
通り、セットが長持ちしますよ。

　ヘアアイロンは180℃以下の温度に設定しましょう。これ以上高温だ
と、髪が乾燥してパサパサになります。せっかく洗い流さないトリート
メントを塗っても、その水分まで奪われてしまい、湿気を吸いやすい状
態に逆戻りしてしまうのです。

｛ くずれないヘアアイロンの通し方 ｝

1

耳の前後で髪を分けたあと、前の髪をさら
に上下に分け取り、上の髪をヘアクリップ
で留める。下の髪にヘアアイロンを通す。

2

POINT

うねりが出やす
い顔まわりは、
しっかり伸ばす

分け取った上の髪を下ろして、ヘアアイロ
ンを通す。反対側も同様に行う。

3

最初に分けておいた後頭部の髪を３回に分
けて、ヘアアイロンを通す。このとき、耳
のあたりとハチの延長線上とで、順にブ
ロッキングして行う。

4

髪をすべて下ろし、毛先にヘアアイロンを
サッと通す。こうすると、さらに毛先にま
とまりが出る。

セットをしたら、ヘアオイルでコーティングします。**水と油は交わらないので、コーティングされた髪は湿気を吸いにくくなります。**

その上からさらにヘアスプレーをすることで、まっすぐに伸ばした髪が長持ちします。手順は次のとおりです。

❶ 手ぐしを通しながら、ヘアオイルを塗ります。くせが出やすいところは、とくにていねいになじませましょう。

❷ 20cmほど離した位置から、髪の表面にヘアスプレーをかけます。

❸ 髪をパラパラと髪を落としながら、内側にもスプレーをかけます。

セット前の洗い流さないトリートメント、セット後のヘアオイルとヘアスプレーの3層コーティングで、雨の日でも一日中セットがくずれにくいです。

{ 雨でもくずれないスプレーのつけ方 }

髪をパラパラと落としながら、20cm離した位置から内側にもヘアスプレーをかける。

まとめ

セット前に洗い流さないトリートメントを塗る

セット後にヘアオイルとヘアスプレーをつける

アメピンで多すぎる髪を
ボリュームダウン

▶ 重たい髪がすっきりまとまる!

　髪の量が多いと、ダウンスタイルにしたときに、どうしても重たく見えてしまいますよね。湿気の多い時期や髪がダメージを受けて乾燥しているときは髪が広がり、余計にまとまらなくなってしまいます。

　そんなときにはアメピン（アメリカンピンの略称）を使えば、どんなに髪が多い人でもボリュームをおさえることができます。

　アメピンを使うといっても、難しいアレンジをするわけではありません。**ピンを留めるだけで、すっきりしたダウンスタイルが完成します。**

▶ ピンで留めるだけのお手軽テクニック

　髪のボリュームをおさえるには、耳の後ろに"かくしピン"を留めます。ピンの上に髪をかぶせるので、留めているのが見えません。髪のすき間から耳が見えるようになり、軽さが出ます。

　この方法は、ストレートのままでも、ヘアアイロンで髪にカールをつけたときでも同じように使えます。

　なかなか美容院に行けずに髪が重たい印象になってきたときにも、ぜひ試してみてください。髪をすいた直後のように、すっきりとしたシルエットになりますよ。

｛ ボリュームをおさえるピンの留め方 ｝

1

分け目の横から2cm幅の毛束を取って反対側に
持っていき、ヘアクリップで留める。

2

顔まわりの髪を残し、後ろの髪を耳にかける。

3

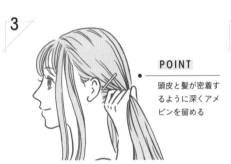

POINT

頭皮と髪が密着す
るように深くアメ
ピンを留める

耳にかけた後ろの髪を下に引っぱりながら、耳
の後ろでアメピンで留める。安定感がない場合
は、もう1本留める。

4

1で分け取っておいた髪をもとの位置に戻し
て、アメピンがかくれるようにする。反対側も
同様に行う。

まとめ

耳の後ろで多い髪をアメピンで留める

Q 頭皮のにおい、どう

A 頭皮を清潔にして においを防ごう

すすぎ残しがにおいのもと

人が近くにいるとき、頭皮がにおっていないか心配になること、ありますよね。

日頃のケアをしっかりすれば、ヘッドスパに通ったり、専用のアイテムを買ったりしなくても、においは解消できます。

気をつけるのは、シャンプーをするとき。においのもとになる皮脂や雑菌をしっかりと落とすために、頭皮をすすいで湯船につかってからシャンプーをしましょう。

湯船につかると、頭皮がやわらかくなって毛穴が開き、汚れや皮脂を落としやすくなるからです。

シャンプーだけでなく、すすぎをていねいにするのも大切です。**せっかく皮脂が落ちても、シャンプーの泡が頭皮に残っていると、においのもとになってしまいます。**

シャワーのヘッドを直接頭皮に当てると、髪と髪のすき間まですすげます。顔まわりやもみあげ、耳の後ろ、襟足はすすぎ

すれば消せる？

残しが多い部分なので、とくにしっかりすすぎましょう。

トリートメントを頭皮にべったりとつけてしまうと、毛穴詰まりの原因に。トリートメントは、傷みやすい毛先から髪の中間につけましょう。

お風呂から上がったら、ドライヤーですぐに髪を乾かします。濡れたままの髪を放置すると、雑菌が繁殖して、頭皮から洗濯物の半乾きのようなにおいがしてしまいます。

シャンプーでしっかりと汚れを落とし、すみずみまですすいですぐにドライヤーをかければ、頭皮のにおいは減らせます。そのうえ、**頭皮の汚れが落ちると、シャンプーのいい香りが長持ちする効果もありますよ。**

枕カバーを清潔に保つ

睡眠中に何時間も頭をのせている枕カバーには、目に見えない汗や皮脂、フケなどの汚れがたまっています。そのため、**枕カバーを清潔に保つことも、におい対策には欠かせません。**

最低でも週2、3回は、枕カバーを洗うようにしましょう。汗をかきやすい夏は、バスタオルなどを巻いて毎日洗濯するのもおすすめです。

枕カバーは、肌に触れることも多いので、肌トラブルを防ぐためにも頻繁に洗って清潔にしておきましょう。

忙しい朝でも
かんたん1分ヘアアレンジ

出かける前、バタバタして時間がなくても、

おしゃれなヘアスタイルをあきらめたくないですよね。

ここでは、かんたんにできるのにおしゃれに見える

ヘアアレンジを紹介していきます。

最初に、基本のテクニックを説明しているので、

そこを読んでからアレンジをしてくださいね。

多くの人が失敗した経験のある前髪のセルフカットも

やり方を説明しているので、チェックしてみてください！

完成度をアップさせる
アレンジ前の下準備

▶ アレンジ前にはかならずブラッシング

この章では、時間がない朝でもすぐにできるヘアアレンジを紹介していきます。かんたんにできるのに、おしゃれに見えるものばかりです。

ただその仕上がりも、きちんと準備をしていないと、いまいちなものになってしまいます。

アレンジの前にかならずしてほしいのが、ブラッシングです。髪全体がボサボサだとアレンジしづらいうえに、きれいに仕上がりません。寝ぐせがついたままでもできるアレンジを紹介していますが、それでもかならず髪の絡まりをほどいてから始めてくださいね。

ブラッシングするときは、**根元から毛先までを一気にとかそうとせず、毛先→中間→根元の順に、下から少しずつ絡まりをとかしていく**ようにすると、髪に負担がかかりません。

▶ こなれ感を出すスタイリング剤

ポニーテールなどのアレンジ前にしてほしいのは、スタイリング剤をつけることです。とくに、ヘアワックスやバームに比べて、つけた感じが軽いヘアオイルがアレンジ前につけるのにはおすすめです。

アレンジをしないときでも、ヘアオイルをつけるだけで髪にツヤが出

るうえに、束感が出ることでこなれた感じになります。

　これから紹介していきますが、アレンジで髪を結んだあとなどに、細い毛束を引き出して髪全体をふんわりさせます。そのとき、ヘアオイルなどのスタイリング剤をつけていないと、毛束がきれいに引き出せず、全体がボサボサに。つけたほうが、髪がまとまってアレンジもしやすくなりますよ。

　アレンジの仕上がりをよくするほかに、ヘアオイルには髪同士の摩擦をなくして保護する役割もあります。髪が傷まないようにするためにも、かならずつけるようにしましょう。

{ アレンジ前のヘアオイルのつけ方 }

1

ヘアオイルを手になじませて、毛先につける。

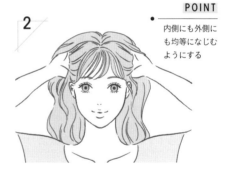

2

POINT

内側にも外側にも均等になじむようにする

手ぐしを通すようにして、髪全体にもつけていく。

3

手に余ったヘアオイルを前髪につける。

アレンジに欠かせない 道具の使い方

▶ ヘアアイロンの基本をチェック

　ふんわりとした巻き髪をつくれるヘアアイロン。「いまいちうまく巻けない」という人でも、少しのコツできれいに巻けるようになります。

　まず巻くときは、いきなり髪を巻き始めるのではなく、**最初にアイロンスルーをしましょう。**アイロンスルーとは、ヘアアイロンを髪に挟んで軽く下にスライドさせることです。キューティクルが引き締まり、ツヤが出るので、アレンジがきれいに仕上がります。

　そして、迷う人が多いのが、内巻き・外巻きのカールアイロンの向き。髪にヘアアイロンを垂直に通すとき、**内巻きならレバーは外側、外巻きならレバーは内側になるように髪を挟みましょう。**

{ 内巻き・外巻きのヘアアイロンの通し方 }

内巻きにするときは、パカパカと開くレバーを外側に髪を挟む。

外巻きにするときは、レバーを内側にして髪を挟む。

▶ アレンジの強い味方・ヘアピン

　髪を留めるのに役立つアメピンやＵピン。でも、とくにＵピンのほうは、どう使うのかよくわからないという人もいるかと思います。

　アメピンは頭皮に対して平行に留めるのに対して、**Ｕピンは頭皮に垂直に挿したあとに、横に倒してから挿し込みます。**

　ピンを上手に使えば、おだんごなどがくずれませんよ。

{ アメピンのおだんごの留め方 }

アメピンの中間に人差し指を挟むようにして持つ。おだんごの端の髪を少しすくう。

挟んだ人差し指を離して、そのままおだんごの奥に挿し込む。

{ Ｕピンのおだんごの留め方 }

おだんごの端を通るように、Ｕピンを頭皮に垂直に挿す。

横に倒して、そのままおだんごの奥に挿し込む。

おしゃれに仕上げる
アレンジのコツ

▶ ちょっとした手間でおしゃれ度アップ

　ただポニーテールをしているだけでも、何となくおしゃれな感じに見える。そんな人、街中で見かけませんか？　特別なことは何もしなくても、ヘアスタイルがグンとおしゃれに見える方法があるのです。

- ☑ おくれ毛を出す
- ☑ トップをふんわりさせる
- ☑ ひし形のシルエットを意識する

　ポイントは3つ。まずはおくれ毛です。ポニーテールなどで髪を後ろで結ぶとき、**顔まわり・こめかみ・もみあげのおくれ毛を出しましょう**。顔の露出している面積がせまくなることで、顔が小さく見えるうえに、あか抜けた印象になります。

　最後におくれ毛を巻けば、動きや立体感がアップして、のっぺりとした印象がなくなります。後ろの髪をゴムで結ぶ前におくれ毛を出すことで、出しすぎてしまっても後ろに戻すことができます。

　髪全体をほぐすことも、おしゃれに見せる大事なポイントです。**細い**

毛束を引き出すことで、ぴっちりと髪を結ぶよりも、全体がふんわりと立体的になります。額の一部の髪が薄く、M字にはげて見える人は、髪をほぐすときにこの部分の髪を少し下に引っぱると、薄い部分がかくせます。

　髪全体をほぐしたあとは、**髪の毛を下に引っぱり、耳の上3分の1くらいをかくしましょう。**このときに意識してほしいのが、頭と顔全体のシルエット。トップと耳の上の髪を引き出して、全体がひし形になるようにするだけで、バランスがよく、きれいに見えます。

{ おしゃれに見えるアレンジのテクニック }

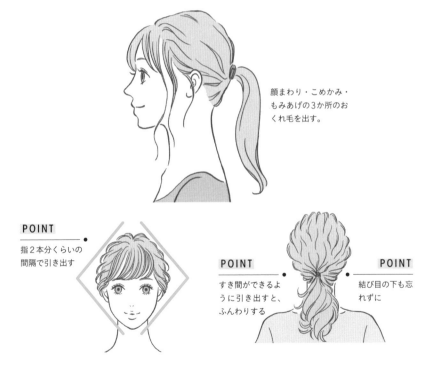

顔まわり・こめかみ・もみあげの3か所のおくれ毛を出す。

POINT
指2本分くらいの間隔で引き出す

POINT
すき間ができるように引き出すと、ふんわりする

POINT
結び目の下も忘れずに

細い毛束を引き出し、髪全体をふんわりさせる。シルエットはひし形を意識して、耳の上3分の1くらいをかくす。

▶ アレンジの基本ワザ "くるりんぱ"

　短い時間でできるヘアアレンジの中で、よく使うのが"くるりんぱ"と呼ばれるワザです。

　くるりんぱによって、最終的にふんわりとしたスタイルができ上がります。 ぜひマスターしてくださいね。

{ 結んだ毛束に通す " くるりんぱ " }

毛束の輪の部分に親指と人差し指を通す。

毛束をつかんで輪の内側に通す。

内側から細い毛束を引き出すようにして、ほぐす。

{ 毛束の中間を通す " くるりんぱ " }

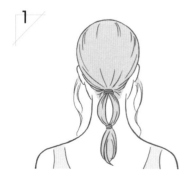

ゴムで結んだ毛束の中央をふたつに分ける。

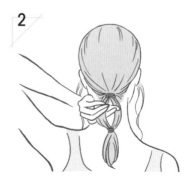

穴に親指と人差し指を通す。

3

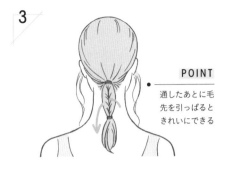

POINT

通したあとに毛
先を引っぱると
きれいにできる

毛先をつかんで穴に通す。

4

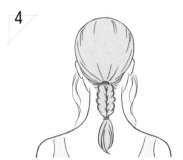

内側から細い毛束を引き出すようにして、
ほぐす。

▶ ゴムをかくしておしゃれ見せ

ヘアアレンジの仕上げにやるといいのが、ヘアゴムを髪でかくすこ
と。それだけで、アレンジ上手に見えますよ。

1

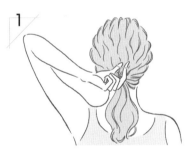

結び目のヘアゴムを1本引き出し、そこに
親指と人差し指を通す。

2

結んだ毛束の外側から小指1本分くらいの
細い毛束を取る。

3

指の間をくぐらせるように
して、毛束をヘアゴムに巻
きつけていく。3回ほど巻
きつけたら、毛先を下の毛
束になじませ、巻きつけた
細い毛束をほぐす。

大人かわいい
まとめ髪

髪がボサボサでもできちゃう！

出勤前の**忙しい**ときに便利！

▶ 大胆アップでうなじ見せ

忙しい朝でも、アレンジはしたいという人におすすめです。**髪をすべて
後ろにまとめてしまうので、寝ぐせがついたままでもOK。**落ち着いた
雰囲気に仕上がるので、ビジネスシーンでも活躍するアレンジです。

1

POINT
後ろの髪を巻き
込まないよう、
手でおさえなが
ら結ぶ

ブラッシングしてスタイリング剤をつける。耳
の後ろあたりで髪を前後に分け、サイドの髪を
シリコンのヘアゴムで結ぶ。

2

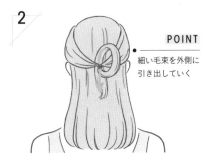

POINT
細い毛束を外側に
引き出していく

毛束をつかんで結び目の内側に通す。輪になっ
た部分の髪をほぐす。

3

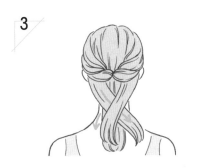

残りの髪全体を3つに分け、三つ編みにする。

4

ヘアゴムで結ぶ。このとき、毛先はゴムに通し
てしまわずに、おだんごの状態にする。細い毛
束を引き出して、髪全体をほぐす。

5

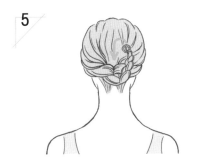

毛先をつかんで輪の部分に入れ込む。

6

POINT
アメピンの長い
ほうを頭側にし
て挿す

毛先を入れ込んだ部分をアメピンで毛流れに垂
直に留める。ふたたび全体をほぐして完成。

ローポニーテール1

MOVIE

職場でもささっとできる！

巻いたりしなくてもかわいくできる！

▶ こなれた印象のゆるふわヘア

こちらも寝ぐせがついたままでOKのアレンジです。毛束を交差させるので、毛流れがいくつもでき、ほぐしたときにふわふわの仕上がりに。**最後にヘアアクセサリーをつけると、こなれ感がアップします。**

1

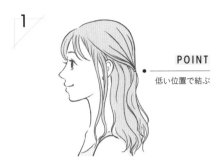

POINT
低い位置で結ぶ

ブラッシングしてスタイリング剤をつける。サイドの髪は残してハチのあたりで髪を上下に分け、上の髪をシリコンのヘアゴムで結ぶ。

2

サイドの髪を取り、2回ほどねじる。

3

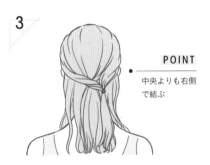

POINT
中央よりも右側で結ぶ

ねじった髪をヘアゴムでひとつに結ぶ。

4

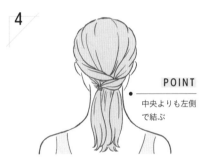

POINT
中央よりも左側で結ぶ

残った髪を取り、2回ほどねじって、ヘアゴムで結ぶ。

5

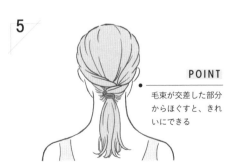

POINT
毛束が交差した部分からほぐすと、きれいにできる

残りの髪全体をヘアゴムでひとつに結ぶ。髪全体をほぐす。

6

細い毛束を取り、ヘアゴムに巻きつけて（p139）完成。

大人っぽい仕上がり！

ローポニー
テール2

MOVIE

不器用でもおしゃれに結べる！

ピンなしですぐにできる！

▶ ゴム2本でつくるポニーテールアレンジ

寝ぐせがついたままでも、ヘアゴム2本だけで、動きのあるローポニーテールが完成！ いつもささっとひとつ結びをしている人でも、ひと手間を加えるだけで、大人っぽくおしゃれに仕上げられます。

1

POINT

後ろの髪を巻き込まないよう、手でおさえながら結ぶ

ブラッシングしてスタイリング剤をつける。耳の上あたりから髪を斜め下に取り、ヘアゴムで結ぶ。結んだら、上の髪をおさえながらヘアゴムを指2本分くらい下げる。

2

下の髪をふたつに分ける。

3

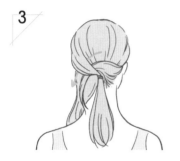

結び目より左側に穴を開けて、右側の毛束を通す。

4

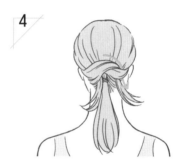

結び目より右側に穴を開けて、左側の毛束を通す。

5

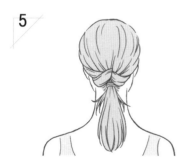

髪全体をヘアゴムで結ぶ。

6

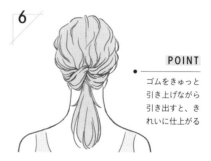

POINT

ゴムをきゅっと引き上げながら引き出すと、きれいに仕上がる

交差した部分の髪を下に引っぱり、ゴムをかくす。髪全体をほぐして完成。

145

ゆるふわ
ポニーテール

MOVIE

ただゴムでまとめるだけ！

ゆるいけれどだらしなく見えない！

▶ ルーズ感がかわいいアップスタイル

ちょっとルーズな感じがおしゃれに見えるポニーテール。**毛束ひとつひとつをゴムで結びながらのアレンジなので、不器用な人でも挑戦しやすいですよ。**髪を軽く巻いておくと、あか抜けた印象になります。

POINT

毛束を上に浮かせるように持って結ぶと、首のまわりがすっきり見える

ブラッシングしてスタイリング剤をつける。耳の上あたりで髪を前後に分け、後ろの髪をヘアゴムで結ぶ。後頭部の髪をほぐす。

POINT

おくれ毛を出してから結ぶ（p137）

サイドの髪を1で結んだヘアゴムの上でヘアゴムで結ぶ。

上の毛束を結び目の内側に通す。

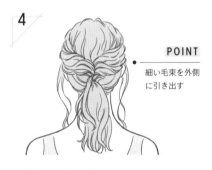

POINT

細い毛束を外側に引き出す

輪になった部分の髪をほぐす。

おくれ毛以外の髪全体をヘアゴムで結ぶ。

細い毛束をヘアゴムに巻きつける（p139）。髪全体をほぐして完成。

夜会巻き

MOVIE

難しいテクニックは必要なし！

フォーマルな場でも使える！

▶ 一気にはなやぐ王道のまとめ髪

ちょっと特別なシーンや和服を着るときに合う、大人っぽいアレンジ。

旅館で浴衣を着るときにも、ささっとできると便利です。髪がきれいに
まとまるように、最初にスタイリング剤をしっかりつけるのがポイント。

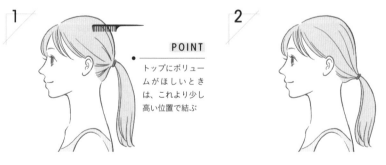

1

POINT
トップにボリュー
ムがほしいとき
は、これより少し
高い位置で結ぶ

ブラッシングしてスタイリング剤をつける。
テールのあるコームでとかしながら髪をまと
め、ヘアゴムで結ぶ。

2

ヘアゴムを指3本分くらい下げる。

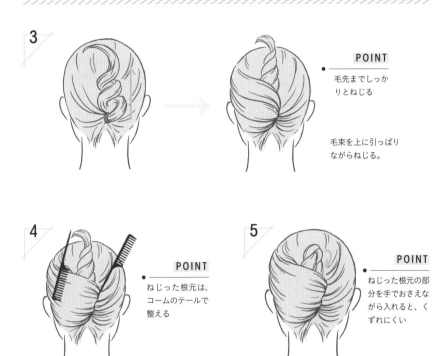

3

POINT
毛先までしっかりとねじる

毛束を上に引っぱりながらねじる。

4

POINT
ねじった根元は、コームのテールで整える

コームでとかして表面を整える。

5

POINT
ねじった根元の部分を手でおさえながら入れると、くずれにくい

毛先を折り曲げるようにして、根元のほうへ入れ込む。

6

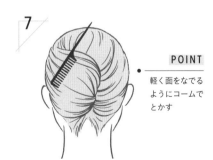

❶ ❸ ❷

アメピンで髪を留めていく。根元の部分❶を留めたあと、それと交差するように挿し❷、最後に❶よりも下の位置を留める❸。

7

POINT
軽く面をなでるようにコームでとかす

コームで髪全体を整え、最後にハードスプレーを全体にかけて完成。

ゆるふわ
まとめ髪

MOVIE

髪がじゃまなときに便利！

ヘアゴムだけでパパッとできる！

▶ 不器用でもかんたんにつくれるシニヨン

ヘアアイロンやヘアピンを使わない、お手軽アレンジです。後ろで三つ編みをするといった難しい工程もないので、かんたん。**普段のお出かけから、仕事やデートまで、さまざまなシーンで活躍します。**

1

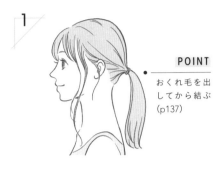

POINT

おくれ毛を出
してから結ぶ
(p137)

ブラッシングしてスタイリング剤をつける。耳
の中央の高さで髪をヘアゴムで結ぶ。

2

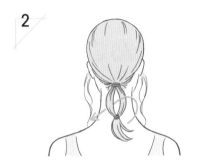

毛束の長さの中間をヘアゴムで結ぶ。中間に穴
を開けて、毛先を穴に通したら、輪になった部
分と表面の髪をほぐす。

3

毛束を2回内側に
折り込む。

4

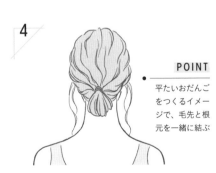

POINT

平たいおだんご
をつくるイメー
ジで、毛先と根
元を一緒に結ぶ

折り込んだ毛束をヘアゴムで結ぶ。

5

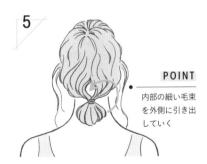

POINT

内部の細い毛束
を外側に引き出
していく

結んだヘアゴムの上に穴を開け、毛束を内側に
通す。髪全体をほぐして完成。

ふわふわ
おだんご

MOVIE

この髪だけで一気に
かわいい雰囲気になる！

2回結ぶだけだからラク！

▶ 巻かずにできるおしゃれなおだんご

寝ぐせがついたままでも、アイロンで巻かなくても、ふわふわのおだんご
ができます。**髪をまとめるときに、不規則な毛流れができるので、ふんわ
りとした仕上がりに。**いい感じの抜け感がおしゃれに見せてくれます。

1

POINT
おくれ毛を出して
から結ぶ（p137）

ブラッシングしてスタイリング剤をつける。耳
の中央の高さで髪をヘアゴムで結ぶ。

2

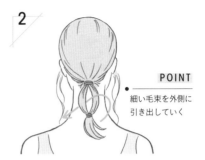

POINT
細い毛束を外側に
引き出していく

毛束の長さの中間をヘアゴムで結ぶ。中間に穴
を開けて、毛先を内側に通したら、輪になった
部分と表面と結んだ毛束の下の髪をほぐす。

3

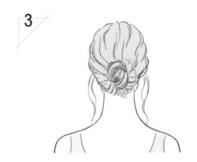

根元に巻きつけるようにして、毛束をねじる。

4

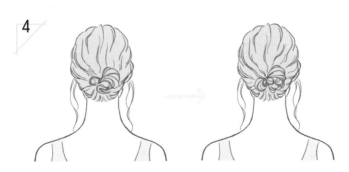

1で結んだヘアゴムを1本引き出し、毛束を通す。このと
き、毛先はゴムに通してしまわずに、おだんごの状態にす
る。髪全体をほぐして完成。

おしゃれでこなれ感バツグン！

ハーフアップ おだんご

MOVIE

カジュアルスタイルに合う！

たった1回結ぶだけでできる！

▶ ささっとできる３ステップアレンジ

「髪を取る、結ぶ、ほぐす」のたった3ステップでできちゃいます。 お
だんごの位置が高いと元気で明るい印象、低いと大人っぽい落ち着いた
印象に。気分や服装で、使い分けを楽しんでみましょう。

1

POINT

おくれ毛を出して
おく（p137）。髪
を巻いておくと、
おしゃれ度アップ

ブラッシングしてスタイリ
ング剤をつける。ハチのあ
たりで髪をジグザグに上下
に分ける。

2

上の髪をヘアゴムで結ぶ。
このとき、毛先はゴムに通
してしまわずに、おだんご
の状態にする。

3

POINT

おだんごが見え
なくなるので、
頭頂部は毛束を
出しすぎない

髪全体をほぐす。最後にお
だんごをほぐして完成。

ふんわりしてかわいい！

大人な
おだんご

MOVIE

これだけで大人な雰囲気になる！

Uピンで髪が乱れない！

▶ 大人っぽい・元気な印象のアレンジ

低い位置でおだんごをつくる大人かわいいアレンジです。まとめてしまうので、寝ぐせがついたままでもOKですよ。おだんごの位置を高くして、明るく元気な雰囲気にするのもおすすめ。

1

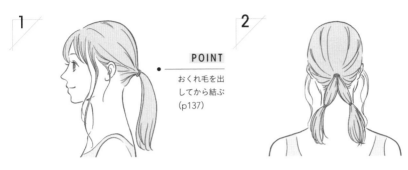

POINT

おくれ毛を出
してから結ぶ
(p137)

ブラッシングしてスタイリング剤をなじませ
る。髪をヘアゴムで耳の中央の高さで結ぶ。

2

毛束を左右ふたつに分け、左右それぞれの長さ
の中間をヘアゴムで結ぶ。

3

それぞれの毛束の中間に穴を開け、毛先を内側
に通す。輪になった部分と表面の髪をほぐす。

4

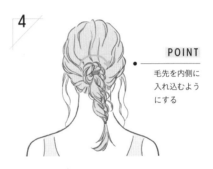

POINT

毛先を内側に
入れ込むよう
にする

片方の毛束を結び目に巻きつける。

5

巻きつけた毛束の左右の端の部分に、1本ずつ
Uピンを挿す。このとき、頭皮に対して垂直に
挿し、そのまま横に倒して、内側に挿し込む
(p135)。

6

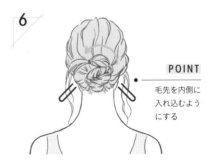

POINT

毛先を内側に
入れ込むよう
にする

もう一方の毛束を、4とは逆方向に巻きつける。
5と同様にUピンを2本挿し、髪全体をほぐし
て完成。

ゆるふわ
巻き髪

MOVIE

ぺたんとした髪が
ふんわりはなやかに！

ヘアゴムで**ブロッキング**がラク！

▶ ブロッキングでつくるかんたん巻き髪

髪を4つに分けて巻いていきます。**ヘアゴムで結んでから巻くので、巻き残しなく、きれいに仕上がります。**忙しい朝でも、ボリューミーで動きのある巻き髪が、かんたんにつくれちゃいます。

1

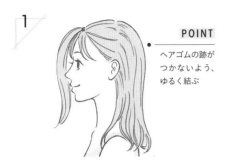

POINT

ヘアゴムの跡が
つかないよう、
ゆるく結ぶ

カールアイロンを160℃に温めておき、ブラッシングする。頭頂部からこめかみにかけて、髪を前後に分け、ヘアゴムを使って前の髪を中心でひとつに結ぶ。

2

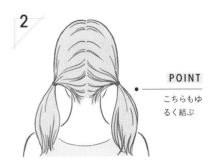

POINT

こちらもゆ
るく結ぶ

後ろの髪を左右ふたつに分け、ヘアゴムで結ぶ。

3

POINT

内巻きなので、
カールアイロン
のレバーを外側
にして挟む

アイロンスルーしたあと、毛先から根元まで内巻きにする。3秒ほど置いたら離す。

4

髪が温かいうちに、手で握って巻き髪をキープさせる。冷めたら離す。反対側も同様の方法で内巻きにする。

5

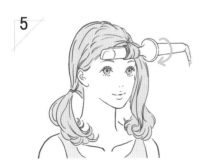

前の髪を左右でふたつに分け、片方の毛先から根元まで内巻きにする。3秒ほど置いたら離す。

6

手で持って巻き髪をキープさせ、冷めたら離す。もう一方の毛束も同様に内巻きにする。ヘアゴムを外し、スタイリング剤をつけて完成。

159

大人な
くびれ巻き

MOVIE

S字のシルエットがかわいい！

覚えれば短時間でできる！

▶ ブロッキング＋S字カールで大人っぽいヘア

大人っぽくて上品な巻き髪です。**ざっくりブロッキングしたあと、数回 S字カールさせて完成します。**上下にブロッキングしますが、髪は多少 混ざってしまってもOK。気軽にチャレンジしてみてください。

1

カールアイロンは160℃に温めておき、ブラッシングする。こめかみのあたりで髪を上下に分け、上の髪をヘアクリップで留める。

2

POINT

髪が多い人は、さらにふたつに分けると巻きやすい

下の髪をふたつに分け、ヘアアイロンで毛先を外巻きにする。3秒ほど置いたら離す。このとき、毛束の中間を手で持ってヘアアイロンを離す。

3

POINT

ヘアアイロンは半回転させる

毛束を持っていた手を下にずらし、その上を内巻きにする。3秒ほど置いたら離す。同様の方法で反対側の髪も巻く。

4

上の髪のヘアクリップを一度外し、4つに分ける。2、3と同様の方法で巻く。

5

POINT

ヘアアイロンは1回転させる

耳よりも前の髪の中間を外巻きにする。このとき、巻いたら、すぐにヘアアイロンを離す。反対側も同様の方法で巻く。

6

POINT

内巻きにした髪の中間は、指先でつまむようにしてなじませる

スタイリング剤を手になじませ、下から上に向かって握るようにもみ込んで完成。

切らなくてOK！

ボブ風 アレンジ

MOVIE

気軽に**イメチェン**できる！

レトロな雰囲気がかわいい！

▶ 髪を切らずにボブ見えスタイル

ロングヘアをボブに見せるアレンジです。**「ボブに憧れているけれど、切る勇気がない」という人は、試してみてくださいね。**髪にくせがある人は、最初にヘアアイロンで伸ばしておくと、きれいに仕上がります。

1

POINT
襟足の生え際よりも少し上で結ぶ

ブラッシングしてスタイリング剤をつける。耳の中央あたりの高さで髪を上下に分けて、上の髪はヘアクリップで留め、下の髪はヘアゴムで結ぶ。

2

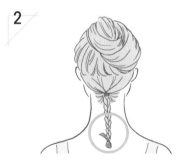

毛束をゆるく三つ編みにして、ヘアゴムで結ぶ。このとき、毛先はゴムに通してしまわずに、おだんごの状態にする。

3

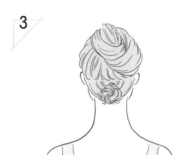

三つ編みを根元に巻きつけて、平らなおだんご
をつくる。

4

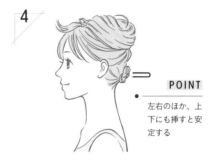

POINT
左右のほか、上
下にも挿すと安
定する

おだんごの左右の端の部分に、Uピンを挿す。
このとき、頭皮に対して垂直に挿し、そのまま
横に倒して、内側に挿し込む（p135）。

5

POINT
内側のおだんご
にブラシを引っ
かけないように
する

ヘアクリップを外し、髪をブラッシングする。

6

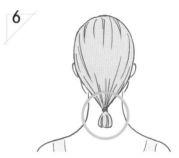

ボブにしたい長さよりも少し下の位置を、ヘア
ゴムで結ぶ。このとき、毛先はゴムに通してし
まわずに、おだんごの状態にする。

7

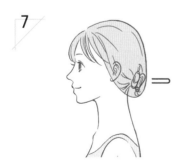

6でつくったおだんごを内側に折り込む。3で
つくった平らなおだんごと一緒にして、4と同
様にUピンを2本挿す。

8

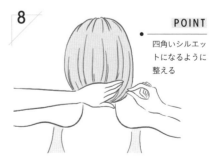

POINT
四角いシルエッ
トになるように
整える

おだんごをおさえながら、下のすぼまった部分
と後頭部の髪を引き出す。最後に髪を耳にかけ
て長さを調整し、ハードスプレーを30cmほど
離して全体にかけて完成。

ショートヘアの
パーマ風
スタイリング

エアリーで**軽い仕上がりになる！**

髪全部を巻かなくていいからすぐできる！

▶ ヘアアイロンでつくるゆるふわウェーブ

「ショートヘアにしてみたけれど、スタイリングできない」という人に
おすすめの、ストレートアイロンを使ったスタイリングです。**細い毛束
をウェーブさせることで、髪全体に動きが出てふんわり仕上がります。**

1

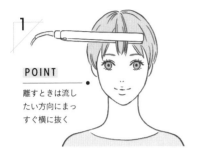

POINT

離すときは流し
たい方向にまっ
すぐ横に抜く

ストレートアイロンは160℃に温めておき、ブ
ラッシングする。前髪を3つに分け、中央の毛
束を巻く。このとき、前髪を指で挟み、前に
まっすぐ伸ばして、前髪と垂直になるようにヘ
アアイロンで挟む。

2

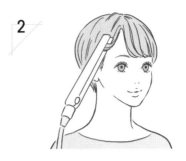

前髪の左右を外巻きにする。このとき、前髪を
指で挟み、前にまっすぐ伸ばして、ヘアアイロ
ンで挟む。ストレートアイロンで前に引っぱる
ようにして巻く。

3

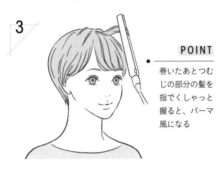

POINT

巻いたあとつむ
じの部分の髪を
指でくしゃっと
握ると、パーマ
風になる

表面の髪を上に引っぱりながら内巻きにする。

4

POINT

あいた手でヘア
アイロンの先端
をおさえると、
きれいなウェー
ブがつくれる

表面の細い毛束をストレートアイロンで挟み、
両手で持って内巻き→外巻き→内巻きの順で巻
いてウェーブをつくる。

5

スタイリング剤を手になじませ、くずすように
髪全体を握ってもみ込む。

6

先に前髪を整え、全体を落ちつかせたあと、つ
むじの部分をきゅっと握ってふんわりとさせて
完成。

短くてもOK！

かき上げ前髪スタイリング

MOVIE

アイロンの側面でかんたん！

その日の気分でパッとイメチェンできる！

▶ デコ出しアレンジでクールに

短い前髪をかき上げ風に見せる方法です。最後に頬骨をかくすように髪を外に巻くと小顔に見えます。**今回は、ヘアアイロンで立ち上げる方法（p167）とドライヤーで立ち上げる方法（p168）を紹介します。**

{ ヘアアイロンで立ち上げる方法 }

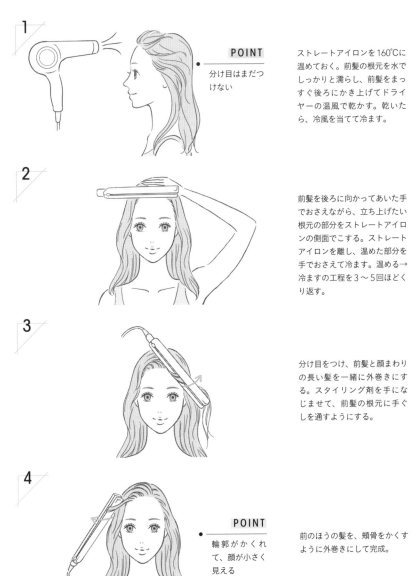

1

POINT

分け目はまだつけない

ストレートアイロンを160℃に温めておく。前髪の根元を水でしっかりと濡らし、前髪をまっすぐ後ろにかき上げてドライヤーの温風で乾かす。乾いたら、冷風を当てて冷ます。

2

前髪を後ろに向かってあいた手でおさえながら、立ち上げたい根元の部分をストレートアイロンの側面でこする。ストレートアイロンを離し、温めた部分を手でおさえて冷ます。温める→冷ますの工程を3～5回ほどくり返す。

3

分け目をつけ、前髪と顔まわりの長い髪を一緒に外巻きにする。スタイリング剤を手になじませて、前髪の根元に手ぐしを通すようにする。

4

POINT

輪郭がかくれて、顔が小さく見える

前のほうの髪を、頬骨をかくすように外巻きにして完成。

かき上げ前髪
スタイリング

{ ドライヤーで立ち上げる方法 }

1

ストレートアイロンを160℃に温めておく。前髪の根元を水でしっかりと濡らし、分け目をつけて流す。

2

分け目の部分から、前髪と長い髪を垂直にシングルピンで留める。

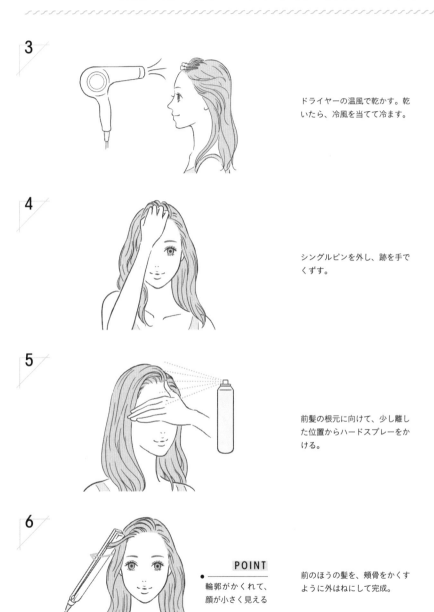

3

ドライヤーの温風で乾かす。乾いたら、冷風を当てて冷ます。

4

シングルピンを外し、跡を手でくずす。

5

前髪の根元に向けて、少し離した位置からハードスプレーをかける。

6

POINT

輪郭がかくれて、顔が小さく見える

前のほうの髪を、頬骨をかくすように外はねにして完成。

パーマ風前髪スタイリング

MOVIE

ゆるい感じのアレンジに合う！

サッと巻くだけだから短時間でできる！

▶ バングカールで一気にこなれ感アップ！

前髪をパーマ風にして、おだんごや、ゆるふわに巻いた髪に合わせる
と、動きが出てかわいらしい雰囲気に。カール（p171）とストレート
（p172）、両方のヘアアイロンを使った方法を紹介します。

{ カールアイロンを使った方法 }

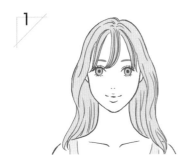

1

カールアイロンを130℃に温めておく。前髪を3つに分ける。

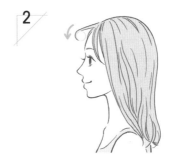

2

中央の毛束を上に引き上げて、中間をカールアイロンで挟み、毛先まで内側に巻いたらすぐに離す。

3

左右の毛束も同様に巻いていく。毛先まで巻いたら、カールアイロンを外側にまっすぐ引きながら離す。

4

POINT
毛先まで巻かない

表面の髪をすくい、3束に分ける。根元から中間にかけて跡をつけるイメージで、カールアイロンで内側に巻いて離す。

5

左右の毛束も同様に巻く。

6

スタイリング剤を手になじませ、前髪をくしゃっと握るようにもみ込んで完成。

パーマ風前髪スタイリング

{ ストレートアイロンを使った方法 }

1

ストレートアイロンを130℃に温めておく。前髪を3つに分ける。

2

中央の毛束を上に引き上げ、根元をストレートアイロンで挟み、毛先まで内側に強めに巻く。

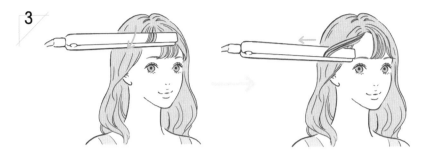

3

左右の毛束も同様に巻く。毛先まで巻いたら、ストレートアイロンを外側にまっすぐ引きながら離す。

4

前髪の中でも、表面の髪を3つに分ける。根元をストレートアイロンで挟み、毛先までさらに強めに巻く。

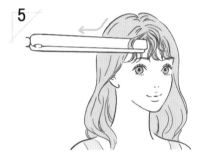

5

左右の毛束も同様に巻く。毛先まで巻いたら、ストレートアイロンを外側にまっすぐ引きながら離す。

6

スタイリング剤を手になじませ、前髪をくしゃっと握るようにもみ込んで完成。

もう失敗しない
セルフ前髪カット

▶ "三角" と "ラウンド" をつくるのがコツ

　自分で前髪を切ると、毛先がガタガタになったり、切りすぎて短くなったりといった失敗はつきもの。ここでは、前髪を切るときの手順とポイント、そしてシースルーバングのセットの方法を紹介します。

- ☑ 前髪を巻いてから切る
- ☑ 前髪を持つときは額に沿わせる
- ☑ シルエットがラウンドになるように切る

　ポイントは、前髪をいつもどおり巻いてから切ることと、額になるべく沿うように指で挟んで切ること。これで切りすぎが防げます。

　前髪のシルエットも重要です。最初に前髪の範囲を三角形に取り、シルエットがラウンドになるように切っていきましょう。**まっすぐではなくラウンドに切ることで、小顔に見えるという効果があります。**

　ハサミは、カット専用のものを使いましょう。100円ショップでも買えるので、持っておくと便利ですよ。まず準備として、前髪を切る前に床に新聞紙などを広めに敷いておけば、片づけがラクになります。

{ きれいにできる前髪カット }

POINT

薄くしたい場合に
は三角形の頂点ま
でを短くする

ヘアアイロンを130℃に温めておく。前髪
を三角形に分け取る。

サイドの髪をヘアクリップで留め、前髪を
ヘアアイロンでいつもどおりに巻く。

前髪をブラッシングし、
3つに分ける。

POINT

なるべく額に沿
うように前髪を
指で挟む

中央の毛束を流したい方向の、反対側に引
く。このとき、指は前髪と垂直になるよう
に挟む。

175

5

ハサミを斜めに入れながら切る。

6

切った中央の毛束を半分取り、横の前髪と一緒に指で挟む。

7

流したい方向とは反対側に引き、指を斜めに下げる。最初に切った前髪を長さのガイドにして、ハサミを斜めに入れながら切る。

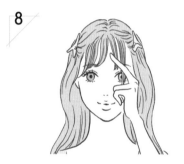

8

反対側の前髪も、切った毛束の半分と一緒に指で挟む。

9

流したい方向とは反対側に引き、指を斜めに下げる。最初に切った前髪を長さのガイドにし、ハサミを斜めに入れながら切って完成。

{ シースルーバングのつくり方 }

1

ヘアアイロンを130℃に温めておく。前髪の根元を濡らし、三角形に分け取る。

2

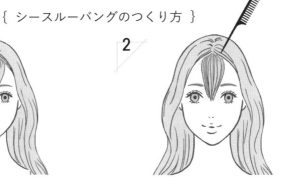

コームのテールで前髪を横によけて三角形を小さくし、髪の量を調節する。

3

よけた前髪との分け目をしっかりつけ、ドライヤーで根元を乾かす。このとき、ドライヤーを弱風に設定する。前髪は指でこするようにしながら乾かす。

4

コームで前髪をとかし、ヘアアイロンで内巻きに巻く。サイドの髪とよけた前髪をなじませるように、ヘアアイロンを通す。

5

スタイリング剤を前髪になじませる。前髪と混ざらないよう、サイドの髪を後ろによけるようにしながらスタイリング剤をつける。

6

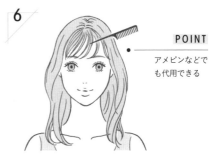

POINT

アメピンなどでも代用できる

コームで前髪をとかす。束感が出にくい場合は、コームのテールですき間をつくるようにする。

177

Q 美容院でイメージ

A 好みの系統や 髪の履歴を伝えよう

カウンセリングで好みをシェア

　美容院でカットやカラーをしても、思ったとおりに仕上がらないとがっかりしますよね。とくに、初めて担当してもらう美容師だと、失敗することが多くありませんか?

　このように、残念な思いをしてしまうのは、コミュニケーション不足が原因のケースがほとんどなんです。遠慮せずに、要望をどんどん伝えて、よく相談してから施術をしてもらいましょう。

　なりたい髪型を伝えるとき、画像や雑誌があれば一番いいですが、はっきりしたイメージがないこともあると思います。

　イメージが固まっていなかったり、自分にどんな髪型が似合うかわからなかったりしたときは、**「かわいいのが好き」「大人っぽくしたい」など、抽象的な好みを伝えてみてください。**

　好みの系統が伝われば、気に入りそうな髪型やカラーを提案してもらえます。

どおりのスタイルにしたい！

"髪の履歴"で理想に近づく

初めて行く美容院では、自分の"髪の履歴"を伝えることがすごく大事です。**「縮毛矯正を〇か月前にかけた」「〇か月おきにブリーチをしている」**など、くわしく伝えましょう。

髪の状態によって、カラー剤などの反応は大きく変わるので、美容師はそれに合わせて、カラー剤の強さを調整したり、なるべく傷みが少ない施術をするように提案したりします。

少しでも髪の状態が伝われば、それを考慮して理想に近づくように仕上げてくれるはずです。

色落ちを見越してオーダー

カラーリングをした髪は、シャンプーをするたびに少しずつ色落ちしていきます。そのため、カラーをした直後に理想どおりの色だったとしても、だんだん色が抜けて、2週間ほどすると明るくなりすぎてしまうのです。

オーダーするときは、「色落ちしたときに、こんな色になるようにしてほしい」と伝えるといいです。色落ちしたときに好みの色になって、それが長く続くので、頻繁にカラーリングをする必要もなく、髪のダメージを防ぐこともできます。

179

おわりに

日々の積み重ねで「革命」が起こる

この本を最後まで読んでいただき、ありがとうございます。

あなたの悩みに合ったアドバイスは見つけられたでしょうか？
「これ、試してみよう」と思ってもらえるものがあったのなら、う
れしいです。

美容師になってから髪とうまくつき合えるようになったのです
が、私自身がもともと強いくせ毛で悩んでいました。そのため、同
じような悩みを持つ人の気持ちは、とてもよくわかります。
カラーのしすぎで、髪がひどく傷んでいた時期もありました。

だから、**自分の悩みを解決するような気持ち**で、本書について考
えたり、日々YouTubeで情報を発信したりしています。

この本で紹介したことに関する動画に、「毎日続けるのは、少し
大変かも」「不器用だから、こんなに早くできない」といったコメ
ントを見かけることがあります。

最初から1分でやるのは、難しいかもしれません。
でも、私自身も最初から手早くできたわけではなく、ケアもヘア
アレンジも**やっているうちに、できるようになっていったのです。**

毎日少しずつチャレンジしていくうちに、慣れてきてパパッとできるようになると思います。

だから、最初は「少しめんどうだな」と思っても、続けてみてください。**習慣になってしまえば、「めんどう」という気持ちはなくなります。**

続けていることで髪に効果が出てきたり、アレンジができるようになったりすると、モチベーションも上がりますし、ケアやアレンジ自体が楽しくなると思います。

効果があれば、動画にコメントで報告してください。「もっと髪のことを知ってほしい！」と、やる気も出ます。
質問も参考にさせていただいていますので、「こんなことで悩んでいる」など、気軽にコメントしてくださいね。

もちろん、施術で美容院「aole」にいらっしゃったときに、直接相談いただくのも大歓迎です。

この本では、1分でできるものや、たくさん質問をいただいたものを中心に紹介しました。

本書の冒頭で紹介したYouTubeチャンネル「AYAMAR美ヘアチャンネル」では、そのほかにもさまざまな髪にまつわる情報を発信しています。あなたが持つ悩みにぴったりな動画もあると思うので、ぜひチェックしてみてください。

　また、ここまで読んでくれたあなたのために公式ラインをつくりました。右にあるQRコードよりご登録いただければ、「1分ヘア革命」を実践するために必要な情報や、ここだけでお伝えするメッセージなどを無料でお届けします。ピンときた人はお早めに。

▼ AYAMAR公式ライン
aole代表

　これからも、美容師としてお客さまの「きれい」をつくるお手伝いや、YouTubeでの情報発信などを続けていきます。
　みなさんの役に立つような本を、「またつくれたらいいな」とも思っています。

　髪が変わることで、「もっともっときれいになりたい、おしゃれをしたい」と気持ちが前向きになることは、美容師である私がよくわかっています。
　あなたの髪に"革命"が起こることを願っています。またどこかでお会いしましょう。

AYAMAR

AYAMAR（柴田紋奈）

1995年生まれ。表参道にある美容室「aole」代表。
現役のトップスタイリストであり、モデルやインフルエンサーなど著名人からの指名も多数。
登録者数60万人（2021年9月時点）のユーチューバー。美髪をつくる情報を日々発信している。

1分ヘア革命
読むだけで髪の悩みが消える本

2021年11月11日　初版発行
2022年 1 月15日　3版発行

著者　　　AYAMAR（柴田紋奈）

発行者　　青柳 昌行

発行　　　株式会社KADOKAWA
　　　　　〒102-8177　東京都千代田区富士見2-13-3
　　　　　電話 0570-002-301（ナビダイヤル）

印刷所　　凸版印刷株式会社

●お問い合わせ
https://www.kadokawa.co.jp/（「お問い合わせ」へお進みください）
※内容によっては、お答えできない場合があります。
※サポートは日本国内のみとさせていただきます。
※Japanese text only

定価はカバーに表示してあります。